Croquis parisiens

Jean Ambrosi

Frederick Franck

GENERAL EDITOR: Frédéric Ernst

Croquis parisiens

Holt, Rinehart and Winston
New York · Toronto · London

Library of Congress Catalog Card Number: 69-11745
Printed in the United States of America
03-071735-3   90123   19   987654321

Préface

Comme l'indique le titre de ce livre, ce n'est nullement l'intention des auteurs de donner une image complète de Paris.

Leur tâche a naturellement été beaucoup plus modeste. Les vingt chapitres présentent des quartiers et des personnages de la capitale de la France susceptibles d'intéresser des élèves américains.

Les dessins qui accompagnent le texte sont l'œuvre de Frederick Franck, artiste distingué, connu en Amérique comme en Europe.

Les «lectures» ont été écrites par Jean Ambrosi, jeune auteur dramatique parisien, actuellement professeur de français.

Il a paru utile d'ajouter, dans chaque chapitre, des commentaires plus précis ou plus généraux, qui puissent étendre les connaissances des élèves.

Les petits poèmes qui accompagnent le texte offrent parfois certaines difficultés à surmonter. Mais il est probable qu'ils donneront au lecteur un plaisir supplémentaire.

Il était inévitable, dans la partie narrative, d'employer le passé simple. Les formes irrégulières de ce temps sont notées au bas des pages. Ces notes sont presque toujours écrites en français. L'anglais n'est employé que lorsque l'explication en français paraissait plus difficile que l'expression elle-même.

Enfin les questions, basées sur le texte et les commentaires, sont susceptibles de réponses diverses, courtes ou longues, selon le niveau de la classe ou le talent de l'élève.

Frédéric Ernst

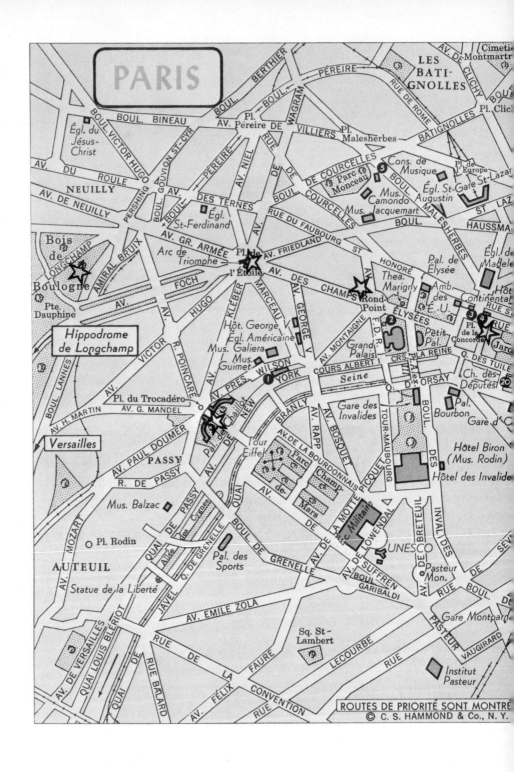

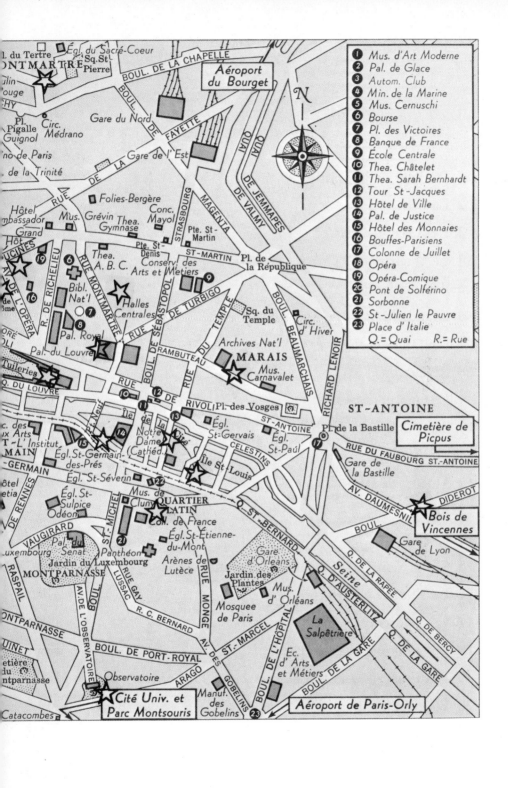

Table des matières

AVANT-PROPOS

Pendant un court séjour à New York, Jean Desportes avait fait la connaissance de Peter Johnson, qui avait été pour lui un excellent cicérone. Maintenant, Peter venait d'arriver à Paris, et c'était le tour de Jean de lui faire apprécier les beautés de la Ville-Lumière.

C'est naturellement Jean qui dirige leurs promenades, qui écoute les réflexions et s'intéresse aux impressions de son ami; mais qui, lui aussi, est souvent fort surpris, tout Parisien qu'il est, d'éprouver des émotions nouvelles.

1

Du haut de la Tour Eiffel

Oh! Paris est la cité mère!
Paris est le lieu solennel
Où le tourbillon[1] éphémère
Tourne sur un centre éternel! . . .
Toujours Paris s'écrie et gronde.
Nul ne sait, question profonde,
Ce que perdrait le bruit du monde
Le jour où Paris se tairait!

VICTOR HUGO

[1] tourbillon: (ici) activité extrême.

3

Dès son arrivée à Paris Peter me parla de la Tour Eiffel.

—J'ai vu la Tour Eiffel, me dit-il, sur ma droite pendant l'atterrissage. L'aérodrome est pourtant fort éloigné de la ville.

Il semblait tout joyeux. Pour lui, Paris, c'était un peu la grande tour métallique qui, en cartes postales, a fait souvent le 5 tour du monde. Nous avions beaucoup de choses à nous dire. Une année scolaire s'était écoulée[2] depuis notre dernière rencontre à New York, mais même une correspondance suivie[3] ne pouvait satisfaire une solide amitié comme la nôtre. Le lendemain, il me parla à nouveau de la Tour. 10

—Peut-être que cela t'ennuie de m'y accompagner, me dit-il. Tu dois connaître l'endroit et la visite va te sembler fastidieuse et longue.

—Je n'y suis jamais monté, lui dis-je.

—J'ai du mal[4] à te croire; tu plaisantes, n'est-ce pas? 15

—Pas du tout. Je n'y suis jamais monté. Toi-même, avant de m'accompagner à New York au sommet de l'Empire State Building, y étais-tu déjà monté?

—Jamais, tu as raison. La Tour Eiffel et l'Empire State Building sont faits pour les touristes. Il est inutile que nous nous 20 y rendions[5]. Avec un guide tel que toi, je ne veux pas être un touriste ordinaire.

—Au contraire, je veux t'y conduire, j'y tiens[6]. Je suis sûr que la vue mérite ce petit effort. Tu auras de là-haut une vue générale de Paris qui servira d'introduction. Nous visiterons 25 d'abord les lieux les plus connus pour mieux pouvoir ensuite pénétrer la ville dans son intimité.

—Bien. Tu es le maître de cérémonie; Paris est ton domaine.

—New York est le tien et je t'y ai laissé me diriger en toute confiance. Aujourd'hui, c'est mon tour; nous allons donc grimper 30 au sommet de la Tour Eiffel!

---

[2] s'était écoulée: avait passé.
[3] suivie: régulière.
[4] J'ai du mal à: Je trouve difficile de.
[5] se rendre: aller.
4 [6] J'y tiens: J'insiste.

Et nous partîmes joyeusement. En route je rencontrai un ami qui me demanda où nous allions.

—A la Tour Eiffel, pardi[7] !

Il crut à une boutade[8], jamais lui non plus n'avait eu l'idée d'une telle visite. Amusé, il nous suivit.

La foule faisait la queue à l'entrée des ascenseurs, une foule qui s'exprimait surtout en anglais, en allemand, très peu en français. Notre tour arriva. La plupart des gens s'étaient arrêtés au premier étage; nous fûmes[9] de la poignée de «téméraires»[10] qui s'aventura jusqu'au sommet. A mesure que nous montions, Paris s'étalait au dessous de nous et quand nous fûmes au sommet, la ville s'étendait jusqu'á l'horizon dans toutes les directions.

L'effet de surprise me coupa le souffle[11]. Peter ne disait rien, il était sous le charme. L'ami qui s'était joint à nous, éprouvait lui aussi le même sentiment. Nous fîmes[12] le tour de l'observatoire presque sans dire un mot, comme si nous avions convenu[13] de faire un grand inventaire général avant de passer à une observation plus précise. Le ciel était bien dégagé[14] et nos regards parcouraient les quatre horizons sans obstacles.

Dès que nous nous sommes immobilisés, nous avons senti que le vent nous balançait doucement et qu'il ne devait pas être bon de se trouver là un jour de tempête. Il n'y a guère que[15] de ce sommet qu'on puisse remarquer comment Paris s'étend sur une multitude de petites collines que les anciens appelaient «montagnes», comme la montagne Sainte-Geneviève, ou «buttes», comme la butte Montmartre. Le Sacré-Cœur semblait surveiller Paris. Cette église toute blanche au sommet de la butte Montmartre, faisait une tache claire qui attirait tout de suite le regard.

---

[7] pardi!: naturellement!

[8] Il crut à une boutade: Il a pensé que je plaisantais (crut, *p.s. de* croire).

[9] fûmes (*p.s. de* être).

[10] téméraires: gens aventureux.

[11] le souffle: la respiration.

[12] fîmes (*p.s. de* faire).

[13] convenu: décidé.

[14] dégagé: clair.

[15] Il n'y a guère que: C'est seulement.

5

Plus près, l'Arc de Triomphe de l'Étoile ne m'avait jamais semblé aussi élevé, et se détachait très nettement au dessus des immeubles[16] qui l'environnent. Tout en bas on voyait l'Hôtel des Invalides sous le dôme duquel se trouve le tombeau de Napoléon Ier. L'un après l'autre, je désignais du geste à Peter les différents sites et je les 5 commentais. Mon ami rectifiait parfois mes explications ou les complétait.

Vers le sud, ce sont les coupoles qui dominent. Celle du Panthéon, au sommet de la Montagne Sainte-Geneviève, est la plus majestueuse. Celle de l'Académie Française, qui se mire[17] 10 dans la Seine, la plus gracieuse. Les deux tours bizarrement asymétriques de l'Église Saint-Sulpice, dominent le Quartier Latin. Très loin vers le Sud, on pouvait apercevoir des avions décoller[18] ou atterrir. L'aérodrome d'Orly étalait ses pistes qui paraissaient d'argent sous le soleil. Et un peu partout, dans le vaste espace 15 que nous découvrions, des taches vertes. Le Bois de Boulogne à l'Ouest, à l'Est le Bois de Vincennes. Et au cœur même de Paris des parcs et des jardins : Parc Monceau, Parc Montsouris, Parc des Buttes-Chaumont, Jardin du Luxembourg, Jardin des Tuileries. Je vis[19] pour la première fois que Paris était une ville colorée d'une 20 gamme[20] de tons allant du rouge de certains immeubles en brique et de l'or des monuments récemment ravalés[21], jusqu'aux verts multiples, celui du toit de l'Opéra, celui des parcs et des bois, celui de la Seine qui est presque bleu, sans oublier ces bleus pastels des larges avenues et le marron clair du Palais de Chaillot. Trop 25 d'évocations me venaient à l'esprit. Il aurait fallu[22] demeurer ici des heures afin de pouvoir détailler à loisir ce monde qui ne m'était jamais apparu qu'au ras[23] du sol et que nous dominions maintenant,

---

[16] immeubles : bâtiments.
[17] se mire : se contemple.
[18] décoller : s'envoler, quitter la terre.
[19] vis (*p.s. de* voir).
[20] gamme : série, succession.
[21] ravalés : nettoyés (en les grattant).
[22] aurait fallu : aurait été nécessaire.
[23] ras : niveau (*level*).

que nous pouvions observer comme au microscope. Pour Peter, je pense que mes commentaires devaient être trop confus. Comment, en une heure, expliquer tout Paris?

    —Je reviendrai ici, me dit-il, lorsque j'aurai assimilé Paris par petites doses. Je crois que, de notre visite d'aujourd'hui, je ne retiendrai que l'extraordinaire panorama; tu m'as parlé de trop de choses à la fois, et ma mémoire a déjà oublié bien des détails.

LES INVALIDES

Renseignements généraux

La ville de Paris a environ trois millions d'habitants, mais avec sa proche banlieue[1] elle en compte plus du double. Son climat est tempéré: en moyenne 10 degrés centigrades (*51° F.*) au printemps, 18° C. (*65° F.*) en été, 11° C. (*51° F.*) en automne et 3° C. (*38° F.*) en hiver. Sa superficie est de 10.540 hectares (environ *26,000 acres*). Celle-ci est localisée dans une vaste circonférence de 36 kilomètres (*20 miles*).

La ville est divisée en vingt arrondissements[2] ayant chacun son maire. La ville de Paris, elle-même, cependant, n'a pas de maire. Elle est administrée par un préfet, nommé par le Président de la République. Cette ville a été le théâtre de nombreuses insurrections. Peut-être craint-on qu'un maire puisse devenir un personnage trop important.

Plus que toute autre capitale, Paris est le centre du pays. Les routes principales, les lignes de chemin de fer, les avions internationaux partent de Paris. Les musées, l'École des Beaux-Arts, le Conservatoire, la présence de très nombreux éditeurs attirent des milliers d'écrivains et d'artistes, peintres et musiciens. L'Université de Paris, célèbre depuis le XIIe siècle, a plus d'élèves que toutes les autres universités de France réunies. Paris est aussi le centre de la production théâtrale et de la mode féminine.

Le célèbre poète Paul Valery exprime tout cela en quelques lignes: «Paris est à mes yeux la ville la plus complète qui soit au monde . . . Être à soi seul la capitale politique, littéraire, scientifique, financière, commerciale, voluptuaire et somptuaire d'un grand pays; en absorber et en concentrer toute la substance pensante aussi bien que tout le crédit[3] . . . et tout ceci, bon et mauvais, pour la nation qu'elle couronne[4], c'est par quoi se distingue, entre toutes les villes géantes, la Ville de Paris.»

Cette centralisation des idées, des forces, des mouvements de la vie moderne explique pourquoi tant de jeunes gens, français et étrangers, ambitieux de réussir, se précipitent vers Paris.

---

[1] banlieue: territoire qui entoure une grande ville.
[2] arrondissement: subdivision administrative de Paris.
[3] le crédit: la puissance financière.
[4] qu'elle couronne: dont elle est la tête.

La Tour Eiffel

Cet édifice a été construit en 1889 par l'ingénieur français Gustave Eiffel. Celui-ci voulait démontrer l'emploi possible de l'acier dans l'architecture moderne. Pour l'époque, la Tour, haute de 320 mètres, était un chef d'œuvre de construction métallique.

Elle a été souvent critiquée du point de vue esthétique. Le poète Verlaine faisait un détour pour ne pas la voir. Cependant, elle s'est incorporée définitivement au paysage parisien. Des peintres, Dufy et Utrillo par exemple, l'ont même représentée dans leurs tableaux. Elle a de plus une grande utilité; elle loge le poste national de télévision – ce qui fait dire au romancier Mac Orlan qu'elle a été reçue dans le domaine lyrique.

QUESTIONS

1. Où Peter et Jean s'étaient-ils rencontrés?
2. Qu'est-ce que Victor Hugo veut dire par «le tourbillon éphémère»?
3. Pourquoi Peter désire-t-il beaucoup monter au haut de la Tour Eiffel?
4. Pourquoi Jean et un de ses amis acceptent-ils de faire l'ascension?
5. Les jeunes gens ont-ils vu beaucoup de Français sur la Tour?
6. Quel temps faisait-il?
7. Que remarque-t-on tout d'abord?
8. Que voyait-on vers le sud?
9. Que voyait-on à l'est et à l'ouest?
10. Que voyait-on dans le centre du panorama?
11. Quelles couleurs remarquait-on?
12. Qu'est-ce que Peter a décidé?
13. Combien de maires y a-t-il à Paris? Pourquoi?
14. Qu'est-ce qui indique clairement que Paris est bien le centre du pays?
15. Pourquoi Eiffel a-t-il construit la Tour?
16. Quelle est son utilité actuelle?

2

La Seine

CHANSON DE LA SEINE

La Seine a de la chance
Elle n'a pas de soucis
Elle se la coule douce[1]
Le jour comme la nuit
Et elle sort de sa source
Tout doucement sans bruit
Et sans se faire de mousse[2]
Sans sortir de son lit
Elle s'en va vers la mer
En passant par Paris

. . .

JACQUES PRÉVERT

---

[1] Elle se la coule douce (expression populaire): elle ne se hâte pas.
[2] sans se faire de mousse (expression populaire): sans jamais être en colère.

11

La Seine est l'être[3] essentiel dans la vie de Paris. Elle forme un grand arc qui part du sud-est, monte vers le nord, puis redescend vers le sud-ouest. Cet arc divise la ville en deux parties inégales. La rive droite est la plus importante. Les rois de France sont venus s'y installer dès le XIVe siècle. Ils ont été suivis par les nobles, 5 les bourgeois riches, les commerçants. Cette partie de Paris est devenue la capitale de l'élégance, du théâtre, des plaisirs. La rive gauche a été et est encore la région du monde intellectuel, judiciaire et ecclésiastique.

Les deux rives sont reliées par trente-quatre ponts. Vers le 10 centre de son arc, le fleuve se divise en deux bras qui embrassent une petite île, l'Île de la Cité, aujourd'hui reliée[4] aux deux rives par huit ponts. C'est là le berceau, le noyau primitif de Paris. La petite ville, habitée par les Parisii, s'est d'abord appelée Lutèce, nom gaulois qui signifie « au milieu des eaux ». Puis les Parisii lui 15 ont donné leur nom. C'était, au Moyen Age, un endroit privilégié par où devaient passer les voyageurs venant d'Espagne ou du sud de la France et désirant se rendre dans les pays du nord. Les Parisii étaient des bateliers qui leur faisaient traverser la Seine.

Au cours des siècles, les deux rives se sont énormément 20 développées. Au contraire, la population de l'Île de la Cité est certainement moins nombreuse aujourd'hui qu'elle ne l'était au XIIe siècle. Mais on y trouve les plus beaux monuments gothiques de Paris: Notre-Dame et la Sainte-Chapelle, et des monuments modernes tels que le Palais de Justice et la Préfecture de Police. 25

J'avais cru bon[5] de donner ces renseignements à Peter avant la promenade que nous avions décidé de faire le long des quais. Du Pont National, d'où nous étions partis, jusqu'au Pont Sully, on ne remarquait que des quartiers industriels, la grande gare d'Austerlitz et ses ramifications, et des entrepôts[6] où des centaines de 30

---

[3] l'être: ce qui existe.
[4] relié: attaché.
[5] bon: utile.
[6] entrepôt: dock, magasin.

péniches[7] chargeaient ou déchargeaient leurs marchandises. Peter s'étonnait de cette grande activité.

—Je ne savais pas, me dit-il, que Paris était un si grand centre de commerce et d'industrie.

5 —Tu ne dois pas oublier, dis-je, que c'est le centre des réseaux ferroviaires[8] du pays. Mais la Seine et les canaux qui s'y attachent sont aussi des voies de communication fort importantes. Beaucoup de marchandises sont expédiées par bateau. Le transport est beaucoup plus lent, mais aussi bien moins cher que par chemin 10 de fer.

—Sans doute, dit Peter, les Français sont-ils[9] moins pressés que les Américains.

—C'est certain. Mais il faut ajouter qu'un pays comme la France se prête[10] mieux à ce genre de communication.

15 —Voilà donc pourquoi on parle quelquefois du port de Paris?

----

[7] péniche: bateau de rivière.
[8] ferroviaire: de chemin de fer.
[9] Notez l'inversion quand la phrase commence par «sans doute».
[10] se prête: s'adapte.

—Mais oui! Paris, pour le tonnage, est le troisième port de France. *bordures meuville*

Notre promenade devint[11] beaucoup plus intéressante à partir du Pont Sully. De l'autre côté du fleuve nous pouvions voir l'Île Saint-Louis.

—C'est, dis-je à Peter, l'endroit le plus calme de Paris. On y trouve de vieux hôtels du XVIIe siècle et les appartements y sont très recherchés[12].

—Je me rappelle avoir lu, dit Peter, que Baudelaire a habité une de ces vieilles maisons.

—C'est exact, le fameux hôtel Lauzun qu'on appelle parfois l'hôtel Pimodan.

—C'est bien un endroit pour un poète, dit Peter. De ses fenêtres, Baudelaire devait voir les ponts et la Cathédrale. Un monument peut évidemment être beau par lui-même; mais cette beauté est toujours rehaussée [13] par la présence d'un fleuve ou d'un lac.

Ce que Peter venait de dire s'appliquait parfaitement à ce que nous devions voir en continuant notre promenade: le fleuve bordé de beaux arbres, les palais classiques de l'Institut de France; et de l'autre côté du Pont-Neuf le Louvre et les Tuileries. Enfin, pour parachever[14] notre enthousiasme, nous arrivâmes à la merveilleuse Place de la Concorde.

—N'allons pas plus loin, dit Peter; c'est assez de bonheur pour une journée.

Et nous nous sommes penchés sur le parapet[15] du Pont de la Concorde, regardant passer l'eau de ce fleuve qui avait vu s'écouler tant d'événements historiques, tant de gloire et parfois tant de douleur. Cela m'a fait penser à un célèbre poème de Guillaume Apollinaire. Lui aussi s'était penché sur le parapet d'un pont de la Seine. Je le récitai à mon ami:

---

[11] devint (*p.s. de* devenir).
[12] recherché: en vogue, demandé.
[13] rehaussé: augmenté.
[14] parachever: compléter.
[15] parapet: balustrade.

LE PONT MIRABEAU

Sous le pont Mirabeau coule la Seine[16]
Et nos amours
Faut-il qu'il m'en souvienne
La joie venait toujours après la peine

Vienne la nuit sonne l'heure
Les jours s'en vont je demeure

Les mains dans les mains restons face à face
Tandis que sous
Le pont de nos bras passe[17]
Des éternels regards l'onde si lasse

Vienne la nuit sonne l'heure
Les jours s'en vont je demeure

L'amour s'en va comme cette eau courante
L'amour s'en va
Comme la vie est lente
Et comme l'espérance est violente

Vienne la nuit sonne l'heure
Les jours s'en vont je demeure

Passent les jours et passent les semaines
Ni temps passé
Ni les amours reviennent
Sous le pont Mirabeau coule la Seine

Vienne la nuit sonne l'heure
Les jours s'en vont je demeure

---

[16] Le poète note l'indifférence de la nature devant son amour malheureux.
[17] le pont formé par nos bras enlacés.

COMMENTAIRES

Bateaux-Mouches

Une promenade en bateau sur la Seine offre les plus beaux paysages de Paris. Les quais sont plantés de grands arbres: platanes, ormes et peupliers. Sur les deux rives s'élèvent les monuments les plus importants de la capitale: la Place de la Concorde et le Palais Bourbon où siège l'Assemblée Nationale, l'Institut de France, la Conciergerie, le Palais de Justice et la Sainte-Chapelle, Notre-Dame, etc. Le soir, le spectacle se transforme car tous ces monuments sont illuminés.

Le Pont-Neuf

Les ponts aussi ont leur beauté particulière. Le Pont-Neuf est le plus ancien et aussi le plus célèbre. Sa construction, commencée en 1578, interrompue pendant 20 ans, fut terminée en 1606. Au XVIIe siècle, c'était le lieu d'une foire perpétuelle. On y trouvait des marchands ambulants, des bouquinistes, des acrobates et surtout des acteurs de farces et des chansonniers satiriques. Quelques historiens croient qu'il faut chercher là les débuts de l'esprit révolutionnaire en France.

QUESTIONS

1. Quel est le thème général du poème de Prévert?
2. Qu'est-ce qui caractérise la rive droite?
3. Qu'est-ce qui caractérise la rive gauche?
4. Pourquoi l'Île de la Cité était-elle déjà très importante au Moyen Age?
5. Quels monuments y trouve-t-on aujourd'hui?
6. Qu'est-ce que les deux amis ont vu au début de leur promenade?
7. Pourquoi Paris est-il un grand centre commercial?
8. Qu'est-ce que Baudelaire pouvait voir des fenêtres de son appartement?
9. Qu'est-ce que les deux amis ont vu en continuant leur promenade?
10. Dans le poème d'Apollinaire, qu'est-ce qui montre la tristesse du poète?
11. Qu'est-ce qui embellit les quais de la Seine?
12. Pourquoi les monuments sont-ils transformés quand la nuit tombe?
13. Le Pont-Neuf est-il récent?
14. Que pouvait-on voir sur ce pont au XVIIe siècle?
15. Peut-on établir une relation entre les chansonniers satiriques et la Révolution de 1789?

3

Les Champs-Élysées

On Voit...

Et l'immense avenue où vont mille équipages[1]
Lutter incessamment de vitesse et d'éclat,
A travers cent bosquets où se croise et s'ébat
D'oisifs, de curieux une foule innombrable,
D'une ville royale entrée incomparable
Qu'ouvre à son horizon un arc majestueux.

VIENNET

---

[1] Ces vers ont été écrits à l'époque de Napoléon III. Les équipages, naturellement, seraient aujourd'hui des automobiles.

ARC DE TRIOMPHE DE L'ÉTOILE

De l'Arc de Triomphe à la Place de la Concorde s'étend, sur près de deux kilomètres, l'avenue la plus célèbre du monde: l'Avenue des Champs-Élysées.

Cette superbe promenade n'était guère, il y a deux siècles, qu'un bois, tel l'actuel[2] bois de Boulogne, où l'aristocratie avait pris l'habitude de se retrouver. Plus tard, les soldats de la Révolution y campèrent à plusieurs reprises[3]. Puis vint[4] le Baron Haussmann, urbaniste du second Empire, qui dessina l'avenue désormais célèbre.

_____

[2] actuel: d'aujourd'hui.
[3] reprises: occasions.
[4] vint (*p.s. de* venir).

Tout au haut, trône[5] l'Arc de Triomphe de l'Étoile qui commémore la gloire et les victoires de Napoléon Ier. Les avenues qui partent en étoile de ce monument portent les noms de généraux célèbres, (Kleber, Hoche, Foch) ou de victoires napoléoniennes (Friedland, Iéna, Wagram). Au lendemain de la première guerre 5 mondiale, au centre même de l'Arc, on déposa les cendres du Soldat Inconnu. Sur sa tombe brûle désormais une flamme qui est le symbole national du souvenir. Cet Arc est donc comme un gigantesque autel élevé à la gloire et à l'honneur de la nation.

Pourtant, ces lieux chargés d'histoire n'attirent pas plus le 10 touriste que l'avenue elle-même. Les magasins, les cinémas, les boutiques de luxe semblent même avoir sur les foules un plus grand pouvoir.

Les cinémas amènent vers les Champs-Élysées une foule avide de nouveautés. C'est là, en effet, que les films sortent en exclusivité 15 et qu'ils seront jugés. Les distributeurs décident de la carrière d'un film après le «test» des Champs-Élysées. De nombreuses salles sont climatisées, toutes sont luxueuses, confortables—et chères. L'avenue, qui s'oriente de plus en plus vers une vocation touristique offre au visiteur la gamme[6] complète des produits typiquement 20 français en ce qui concerne la mode: les parfums et les objets de luxe en général. Les clients y viennent en grand nombre et les commerçants sont prospères. Les grandes compagnies aériennes internationales ont chacune leur siège sur la grande avenue, et toutes rivalisent sur le plan de la décoration et atteignent parfois 25 de très bons résultats sur le plan esthétique. Peter s'étonna de la richesse de certaines compositions: «La réalisation[7] de cette paroi[8] en verre épais a dû coûter une fortune, me dit-il, sans compter le travail si méticuleux de l'artiste-décorateur».

Un vitrail[9] très épais où était figuré le monde, servait de 30 publicité à une Compagnie; une autre avait fait appel à un grand

---

[5] trône: occupe la place d'honneur.
[6] gamme: série.
[7] la réalisation: l'exécution, la création.
[8] paroi: cloison, mûr.
[9] vitrail: panneau de verre peint.

peintre; une autre encore avait transformé en musée ses vitrines,[10] exposant de nombreux objets provenant des pays desservis par ses lignes.

Les boutiques de luxe, qui concernent surtout la mode féminine ne nous retinrent[11] pas. Nous nous étions dirigés vers le passage du Lido, galerie commerçante qui renferme un cabaret célèbre où chaque soir on accueille des fournées[12] de touristes. La visite de ce cabaret est devenue un des grands moments de la visite organisée de «Paris la nuit».

—Ce genre de spectacle ne m'attire pas du tout, déclara Peter; il est sûrement de qualité, mais il ne doit pas différer beaucoup de certaines revues de Broadway; en tout cas, il n'a rien de typiquement français.

Nous préférâmes contempler, à la terrasse d'un café, la faune typique[13] de ces lieux. De nombreux touristes déambulaient, un guide de Paris à la main et un appareil photographique en bandoulière[14].

—J'ai l'impression qu'il n'y a aucun français dans cette foule, avança Peter.

—Il y en a pourtant, répondis-je. De nombreuses sociétés commerciales ont ici leurs bureaux et emploient un grand nombre de personnes.

—Tu as raison, me dit-il, mais l'œil est attiré davantage par le touriste que par le simple passant.

Dans le bas de l'avenue s'étendent de belles promenades ombragées qui semblent avoir échappé à ce modernisme excessif. Nous arrivâmes enfin à la majestueuse Place de la Concorde autrefois Place Louis XV puis Place de la Révolution où, en 1793, furent guillotinés Louis XVI et la reine Marie Antoinette, appelée finalement Place de la Concorde à partir de 1796.

Je menai Peter au pied de l'Obélisque qui s'élève au centre.

---

[10] vitrine: devanture en verre d'un magasin.
[11] retinrent (*p.s. de* retenir).
[12] fournées: groupes nombreux.
[13] la faune typique: le genre de personnes qu'on trouve.
[14] en bandoulière: *over the shoulder.*

21

De là, il put[15] apprécier la merveilleuse perspective, au nord vers l'Église de la Madeleine, à l'ouest vers l'Arc de Triomphe, au sud vers la Seine et le Palais Bourbon où siège l'Assemblée Nationale, à l'est enfin vers les Jardins des Tuileries et le Louvre.

—C'est beau, déclara Peter; c'est grandiose. Oui, c'est peut- 5 être trop beau.

Nous partîmes et le chauffeur de taxi, comme d'habitude, se plaignit[16] de la lenteur de la circulation. Nous en profitâmes pour laisser notre regard errer tout autour un court moment de plus. Le taxi partit en trombe[17] et nous enleva à ce spectacle dont l'œil 10 ne semble jamais se lasser.

COMMENTAIRES

L'Arc de Triomphe de l'Étoile

Cet énorme monument, de 50 mètres de haut et 45 de large, a été construit, de 1806 à 1836, sur les plans de l'architecte François Chalgrin. Celui-ci s'est inspiré des monuments de l'antiquité romaine. Les parois de pierre ont été sculptées par de grands artistes, dont le plus célèbre est François Rude. On admire surtout son chef-d'œuvre qui couvre l'un des bas-reliefs, le «Départ de 1792», souvent surnommé «La Marseillaise de pierre».

L'Obélisque

L'obélisque de Louqsor, au centre de la Place de la Concorde, provient du temple de Thèbes, en ancienne Égypte. Il fut offert par le vice-roi égyptien Méhémet-Ali au roi Charles X, mais il n'arriva à Paris qu'en 1833. Ce monument, vieux de 33 siècles, est couvert d'hiéroglyphes. L'expédition et l'érection à Paris de cette colonne de 24 mètres de haut, pesant 200 tonnes, avait présenté d'énormes difficultés.

---

[15] put (*p.s. de* pouvoir).
[16] plaignit (*p.s. de* plaindre).
22 [17] en trombe: très vite.

L'Assemblée Nationale

Au sud de la Place de la Concorde, sur la rive gauche, s'élève le Palais Bourbon. Il fut construit de 1722 à 1728 pour la duchesse de Bourbon, fille de Louis XIV et de Mme de Montespan. Il est devenu propriété nationale à l'époque de la Révolution Française. Depuis 1827, il a été occupé par le Corps Législatif, qui s'est appelé plus tard Chambre des Députés, et depuis 1946 Assemblée Nationale.

QUESTIONS

1. Quels sont les deux bouts de l'Avenue des Champs-Élysées?
2. L'Avenue a-t-elle toujours été telle que nous la trouvons aujourd'hui?
3. Qu'est-ce que l'Arc de Triomphe commémore?
4. Qu'est-ce que la flamme qui brûle au centre de l'Arc symbolise?
5. Que trouve-t-on tout le long de l'avenue?
6. Décrivez quelque exemple de la publicité qu'on remarque aux vitrines.
7. Pourquoi Peter ne s'intéresse-t-il pas au cabaret du Lido?
8. A quoi peut-on souvent distinguer un touriste?
9. La place qui se trouve au bas de l'Avenue des Champs-Élysées s'est-elle toujours appelée Place de la Concorde?
10. Qu'est-il arrivé, sur cette place, en 1793?
11. Pourquoi les chauffeurs de taxi sont-ils parfois de mauvaise humeur?
12. Qui est François Rude? Quel est son chef-d'œuvre?
13. Pourquoi l'érection de l'Obélisque a-t-elle causé de grandes difficultés?
14. Qu'est-ce que le Palais Bourbon?

Le Quartier de l'Opéra

—L'Opéra ressemble à un vaste chou à la crème[1]!

Nous prenions une glace à la terrasse de Café de la Paix, et Peter exerçait son œil critique.

—Sais-tu, lui dis-je, que pour nous Parisiens, l'Opéra n'est pas cette silhouette extérieure lourde et baroque. Il résonne plutôt [5] à nos oreilles du prestige de merveilleuses soirées de grand opéra ou de ballet. Le mot «opéra» n'évoque jamais pour nous le cadre extérieur, mais les grands moments de certains spectacles.

Peter révisa son jugement dans le but de me faire plaisir.

—Tu verras, Jean, me dit-il, combien nos enfants ou nos [10] petits enfants, lassés[2] des angles trop droits de l'architecture contemporaine, apprécieront ce style.

Il me donna une tape amicale sur l'épaule qui me prouva qu'il ne croyait lui-même que très modérément à sa prophétie. Autour de nous, assis à la terrasse, les gens lisaient ou devisaient[3]. Je désignai [15]

---

[1] chou à la crème: pâtisserie légère (*cream puff*).
[2] lassés: fatigués.
[3] devisaient: conversaient familièrement.

discrètement à Peter un couple, un homme brun et une jeune femme très blonde et très belle, des danseurs célèbres que le garçon appelait familièrement par leurs prénoms. Je lui dis comment les danseurs-étoiles qu'ils étaient devenus, avaient débuté comme
5 «petits rats[4]», à l'âge de huit ans, dans cette même bâtisse où ils tiennent à présent les premiers rôles. L'importance de ces études chorégraphiques impressionna bien moins mon ami que le nombre infini de concours[5] que le couple avait dû franchir[6] pour parvenir au sommet de la hiérarchie.

10   Les deux «étoiles» sortirent peu après du Café, et Peter me fit[7] remarquer la beauté de ce couple et la grâce qui se dégageait de ce banal «pas de deux», leur simple démarche quotidienne.

     Autour de nous, les places assises se faisaient[8] rares. Dix-huit

---

[4] petits rats : jeunes élèves.
[5] concours : examens, compétitions.
[6] franchir : surmonter.
[7] fit (*p.s. de* faire).
[8] se faisaient : devenaient.

heures. C'est l'heure de pointe[9]. Les magasins et les bureaux s'étaient vidés d'un coup. La foule faisait queue aux arrêts d'autobus. Tout Paris semblait être dans la rue. Les trottoirs, en un instant, s'avéraient[10] trop étroits. Pour le témoin confortablement installé au bord de cette marée[11] humaine, capricieuse et colorée, ce spectacle quotidien prend une étonnante dimension.

> *Qu'est-ce qui transfigure ainsi le boulevard?*
> *L'allure[12] des passants n'est presque pas physique;*
> *Ce ne sont plus des mouvements, ce sont des rythmes*
> *Et je n'ai plus besoin de mes yeux pour les voir.*
> *L'air qu'on respire a comme un goût mental.*
>
> JULES ROMAINS

La clientèle du Café de la Paix avait sensiblement[13] changé. Aux désœuvrés[14], aux artistes et aux touristes étaient venus se mêler les hommes d'affaires du quartier. Les discussions allaient bon train[15], souvent à voix très haute pour dominer les rumeurs mêlées de la foule toute proche et des automobiles. Aux notes aiguës des sifflets des agents de police répondait le chœur puissant et grave des moteurs; le solo[16] sur trois notes du marchand de journaux constituait le seul élément véritablement humain de cette étrange et émouvante symphonie.

Peter se leva le premier. Le bruit nous chassait, ou peut-être nous incitait-il[17] au mouvement. Nous avons donc suivi la foule dans le passage clouté[18], une foule bien plus pressée que nous et qui nous portait, nous obligeant à accélérer le pas pour traverser le boulevard.

---

9 l'heure de pointe: le moment où la circulation est la plus intense.
10 s'avéraient: se révélaient.
11 marée: flot, mer.
12 l'allure: la façon de marcher.
13 sensiblement: considérablement.
14 désœuvrés: gens qui n'ont rien à faire.
15 allaient bon train: n'arrêtaient pas.
16 le solo: le cri, l'appel particulier.
17 Remarquez l'inversion après «peut-être.»
18 passage clouté: passage réservé aux piétons pour traverser une rue. Celui-ci est indiqué par de larges clous (*nails*).

Peter s'exclama: «Regarde, me voilà Parisien à présent, j'ai pris bon gré mal gré[19] le rythme de la ville». Il est en effet bien difficile à Paris de vivre en marge de la ville.

La Rue de la Paix offrait un visage relativement plus tranquille. Les bijoutiers, les grandes agences de voyage, les boutiques de luxe attirent une clientèle moins pressée. Peter trouvait que pour une rue célèbre dans le monde entier, la rue de la Paix était bien courte et bien étroite.

Nous avons passé rapidement devant les vitrines pourtant si joliment décorées, témoignage du bon goût français proverbial. Peut-être la renommée de la rue de la Paix tenait-elle à la qualité de cette décoration qui confine parfois à[20] la création artistique.

Quelques instants plus tard nous arrivions à la Place Vendôme.

—C'est un décor de théâtre classique!

Peter était tombé sous le charme de ce grand écrin[21] que l'on découvre tout à coup dans toute sa surface.

La colonne, au centre de la Place, ne nous retint qu'un moment. Les façades classiques, imposantes par leur structure mais bien plus encore par leur passé, attirèrent tout de suite Peter. Par quel miracle, au cœur d'une ville moderne et trépidante[22], le passé peut-il rejaillir? Même si les automobiles stationnent à l'endroit où se tenaient autrefois des carrosses[23] le charme évocateur subsiste. Le Parisien, personnage pourtant souvent blasé en face des merveilles de sa ville, ne reste jamais insensible à ce décor grandiose et délicat. C'est chaque fois un peu l'emotion d'une découverte.

Peter restait muet. Nous tournions lentement sans omettre une façade ni un portique. L'œil de mon ami captait chaque détail. De temps en temps une exclamation admirative lui échappait, ou bien il faisait une courte remarque destinée à lui seul. Je le suivais à quelque distance. L'ardeur qu'il mettait à tâcher de reconstituer le passé, son amour pour les vieilles pierres, me firent éprouver une

---

[19] bon gré mal gré: volontairement ou non.
[20] confine à: approche de.
[21] écrin: place carrée qui fait penser à une boîte à bijoux.
[22] trépidante: toujours en mouvement.
[23] carrosses: voitures de luxe d'autrefois.

joie neuve et excitèrent ma curiosité; les lieux m'étaient pourtant bien familiers.

Dans notre petite automobile, une heure plus tard, au milieu des embouteillages[24], nous restions silencieux comme pour permettre au charme de demeurer quelque temps encore en nous-mêmes. 5

COMMENTAIRES

L'Opéra

La Place de l'Opéra est le centre géographique de Paris et aussi celui de son activité. *L'Opéra* lui-même, qui s'appelle aussi *Académie Nationale de Musique et de Danse*, est un somptueux édifice dû à l'architecte Charles Garnier et construit de 1863 à 1875. Son architecture et ses décorations offrent un mélange de différents arts. Garnier avait l'ambition de créer un «Style Napoléon III». Peut-être est-il heureux qu'il n'ait pas fait école.[1] Néanmoins, l'Opéra de Paris est une des plus illustres scènes lyriques du monde. Il offre de grandes facilités d'exécution. La scène peut contenir 450 figurants. La plupart de ses chanteurs sortent du *Conservatoire de Musique et de Déclamation*, où les professeurs sont de célèbres musiciens et acteurs. Les membres du corps de ballet ont reçu leur préparation dans une école spéciale attachée à l'Opéra.

La Colonne Vendôme

Cette colonne, haute de 44 mètres, est une imitation de la colonne Trajane de Rome. Elle fut construite sur l'ordre de Napoléon Ier après sa victoire d'Austerlitz (1805) et fut surmontée d'une statue de l'empereur en César.

En 1814, les royalistes la firent remplacer par une énorme fleur de lys, emblème de la monarchie française. En 1833, le roi Louis Philippe lui substitua un Napoléon en redingote[2]; en 1863 on revint à la statue primitive; en 1871 la colonne fut renversée par les communards[3], mais elle fut rétablie en 1874.

Sic transit gloria mundi. (Ainsi passe la gloire du monde.)

---

[24] embouteillages: encombrements de voitures, arrêts de la circulation.

[1] faire école: avoir des disciples.

[2] redingote: long vêtement d'homme à la Prince Albert.

[3] communards: révoltés de Paris contre le gouvernement de Thiers.

QUESTIONS

1. Où Peter et Jean étaient-ils assis?
2. A quoi pense un Parisien, quand on parle de l'Opéra?
3. Que pense Peter du style d'architecture de l'Opéra?
4. Qui les deux amis ont-ils remarqué à la terrasse du café?
5. Les études chorégraphiques qui mènent au corps de ballet sont-elles difficiles?
6. Qu'est-ce que c'est que l'heure de pointe?
7. Comment Jules Romains définit-il la circulation humaine du boulevard?
8. Comment les deux amis ont-ils traversé le boulevard?
9. Décrivez, en quelques mots, la rue de la Paix.
10. Décrivez, en quelques mots, la Place Vendôme.
11. Quel charme particulier Peter trouve-t-il à cette place?
12. Pourquoi l'Opéra de Paris est-il célèbre?
13. Qu'est-ce que c'est que le Conservatoire de Musique et de Déclamation?
14. Décrivez la Colonne Vendôme.
15. Quelles ont été ses vicissitudes?

PLACE VENDÔME

5

Parcs et jardins

Les marronniers touffus,[1] près de l'Observatoire[2],
Embaumaient, énervants, et sur les piétons[3]
Jetaient leurs fleurs avec les premiers hannetons[4].

. . . .

A la foule joyeuse ouvrant ses larges grilles,
Le Luxembourg, splendide et calme, apparaissait
Inondé d'un soleil radieux qui faisait
Plus verts les vieux massifs et plus blancs les vieux marbres[5].
A quelques pas, Guignol s'enrouait[6] sous les arbres,
Et le chant des oiseaux dominait tous ces cris.
C'était bien le printemps, un dimanche, à Paris.

FRANÇOIS COPPÉE

---

[1] marronniers touffus: *luxuriant chestnut trees.*
[2] l'Observatoire: établissement astronomique qui date de 1670. Il se trouve tout près du Jardin du Luxembourg.
[3] piétons: gens qui vont à pied.
[4] hannetons: *june-bugs.*
[5] Ce parc est plein de statues.
[6] Guignol (*Punch*) a souvent une voix assez rauque.

31

Les jardins particuliers de Paris ont presque totalement disparu. Mais les bois, les jardins publics avec leurs pelouses, les squares avec leurs petits bancs de pierre et même les carrés de verdure à l'angle de certaines rues ont enchanté Peter tout au long de son séjour.   5

—Paris a une grande soif de verdure, n'est-ce pas? demanda-t-il.

—Oui, le Parisien est amoureux de la nature, répondis-je. Sais-tu combien de citadins avaient, avant la croissance subite de la banlieue, leur petit bout[7] de terrain; quelques mètres carrés avec 10
une cabane de planches pour ranger leurs outils? Les dimanches en banlieue étaient consacrés au jardinage. Des fleurs ou des légumes poussaient, couvés[8] par les soins jaloux de jardiniers passionnés. La ville s'est étendue et a envahi ces terrains et cette coutume n'existe presque plus. Les Parisiens doivent chercher un endroit propice 15
dans une campagne plus éloignée.

Nous traversions le Bois de Boulogne. De larges promenades où les voitures circulaient à vitesse réduite nous conduisirent[9] du champ de courses[10] au lac; plus loin à un parc de jeux pour enfants, puis à un restaurant de luxe et à un club de tennis.   20

—C'est le parc du XVIème arrondissement, expliquai-je à Peter. Ce quartier résidentiel touche à ce grand parc; on y fait du cheval[11] dans les allées, on s'y promène par les belles journées, et au matin on peut y surprendre de nombreux hommes d'affaires en train d'y accomplir leur footing quotidien.   25

Le Bois de Vincennes est, à l'autre bout[12] de Paris, un lieu de prédilection pour les sportifs. L'Institut National des Sports est logé là parmi les arbres, et toute l'élite ou l'espérance du sport français vient fouler[13] les pistes ou les gazons jalousement entretenus. Un peu plus loin, un champ de courses étale ses pistes, juste en 30

---

[7] bout: morceau.
[8] couvés: (ici) soignés, bien cultivés.
[9] conduisirent (p.s. de conduire).
[10] champ de courses: hippodrome.
[11] faire du cheval: se promener à cheval.
[12] bout: extrémité.
[13] fouler: marcher sur.

bordure du bois; tout près s'élèvent les écuries, où les turfistes viennent parfois surprendre[14] l'entraînement des chevaux, dans l'espoir de percer les secrets des courses.

5   Le château se détache dans un vaste espace de 320 mètres de long et 178 mètres de large. C'était au Moyen Age un palais royal. Saint Louis y rendait la justice au pied d'un grand chêne. A travers les siècles, ce château est resté lié à l'histoire de France.

—On dirait qu'il est intact, me dit Peter.

—C'est qu'[15] il sert toujours de caserne et de prison militaire, ce
10 qui explique pourquoi il est si bien entretenu.

Tout au sud de la ville, le Parc Montsouris et la Cité Univer-sitaire occupent plus de vingt hectares de verdure, d'arbres d'espèces très variées et de parterres de fleurs. Quarante-huit maisons y recueillent des étudiants de plus de quatre-vingt-dix
15 nations différentes. Chaque maison a sa propre vie et son caractère particulier. Son architecture est souvent celle du pays qui l'a fondée. La Cité Universitaire a sa maison centrale internationale, avec son restaurant, ses salles de concert et de conférences, et son théâtre. Elle a même sa station particulière du Métro.

20 Quel charme, en toute saison, a aussi le Jardin du Luxem-bourg! Le Palais, qui loge le Sénat, présente un exemple parfait du style du Roi Soleil, mais en[16] beaucoup plus intime que Versailles. Autour des bassins où évoluent des flotilles, guidées par une multitude d'enfants, la vie est intense. C'est surtout là l'attraction
25 de ce jardin avec son théâtre de marionnettes où, parmi les enfants, on peut trouver de nombreux spectateurs adultes, fervents de ce genre de spectacle. La proximité de la Sorbonne et du Quartier Latin permet à de nombreux étudiants de venir se donner rendez-vous dans ce beau jardin et d'y discuter leurs problèmes particuliers
30 ou académiques.

Mais la promenade préférée de Peter restait le Palais-Royal et le Jardin des Tuileries. Nous nous y donnions souvent rendez-vous,

---

[14] surprendre: regarder sans être vu.
[15] c'est que: c'est parce que.
[16] en: de facon.

et Peter m'avoua plus tard qu'il s'était toujours efforcé d'arriver très en avance.

  —J'aime me promener seul par ici, me dit-il. Il y rôde l'esprit de la Révolution et de l'Empire, et les arcades du Palais-Royal, comme les allées du Jardin des Tuileries, semblent encore résonner ₅ des clameurs de cette période si passionnante.

Enfin, un peu à l'écart[17] de Paris, le parc de Bagatelle mérite incontestablement une visite, et le grand nombre de curieux que nous y avons rencontrés est la preuve de sa célébrité grandissante.

—C'est le temple de la Rose, s'exclama Peter.

5 En effet, d'innombrables variétés de roses se succèdent tout au long des allées. Et sur le thème de la rose, de nombreux artistes-jardiniers ont conçu des gammes infinies, des variations subtiles, faisant évoluer l'espèce selon le talent particulier de chacun. Ce thème de la rose a aussi inspiré bien des poètes.

LA ROSE

La rose, la rose.
La rose est née dans mon jardin.
A peine éclose[18]
Je l'ai admirée ce matin.

Comme un chant de gloire
Ouvrant son beau corselet[19] *vert.*
De son Val de Loire[20]
Elle a embaumé l'univers.

LYNE CORBIÈRE-FRIÉRA

---

[17] à l'écart de: hors de.
[18] éclose: ouverte.
[19] corselet: *calyx.*
[20] Val de Loire: région où se cultivent beaucoup les fleurs.

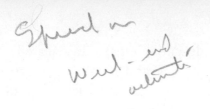

COMMENTAIRES

Jardiniers de Paris

Les parcs et les jardins de la ville de Paris, avec leurs nombreux parterres[1] de fleurs qui changent d'une saison à l'autre, exigent un entretien constant. On y prépare les jardiniers municipaux dans des écoles spéciales qui se trouvent dans les jardins eux-mêmes. Des cours d'arboriculture et de décoration florale sont aussi offerts au public. Nombreux sont les Parisiens qui les suivent.

Le Sénat

Le Palais du Luxembourg est occupé par le Sénat qui partage avec l'Assemblée Nationale le pouvoir législatif. Les sénateurs sont élus au suffrage indirect par les membres des conseils généraux départementaux, tandis que les membres de l'Assemblée Nationale sont élus au suffrage universel direct. Contrairement à ce qui existe aux États-Unis, en France l'Assemblée joue un rôle beaucoup plus important que le Sénat.

Le Jardin du Palais-Royal

Ce jardin, au XVIIIe siècle, était le lieu de rendez-vous du Paris mondain. Il était entouré de magasins et de cafés très en vogue. C'était aussi un des grands centres politiques. C'est là que l'orateur Camille Desmoulins, le 13 juillet 1789, appela la foule aux armes et prépara ainsi la prise de la Bastille.

Aujourd'hui, bien que ce jardin se trouve au centre de la ville, à côté de la Comédie Française, et qu'il soit encore entouré de magasins, c'est peut-être l'endroit le plus calme de Paris.

36 ―――――― [1] parterres: *beds.*

QUESTIONS

1. Qu'est-ce que le poète décrit particulièrement ?
2. Que trouve-t-on dans beaucoup d'endroits de Paris ?
3. Qu'est-ce que les Parisiens aimaient faire autrefois ?
4. Pourquoi n'est-ce plus possible aujourd'hui ?
5. Que peut-on trouver au Bois de Boulogne ?
6. Que trouve-t-on dans le Bois de Vincennes ?
7. Pourquoi le château est-il célèbre ?
8. Qui habite la Cité Universitaire ?
9. Pourquoi les étudiants aiment-ils le Jardin du Luxembourg ?
10. Qu'est-ce que les Tuileries et le Palais-Royal rappellent à Peter ?
11. Que trouve-t-on à Bagatelle ?
12. Comment forme-t-on les jardiniers des parcs de Paris ?
13. Comment les sénateurs sont-ils élus ? Quelle est leur importance ?
14. Que s'est-il passé les 13 et 14 juillet 1789 ?
15. Le Jardin du Palais-Royal est-il encore un centre politique ?

37

6

Grands Magasins—
Magasins de luxe

BALLADE POUR LES PARISIENNES

C'est un secret! Quant à le formuler,
Je garantis que ce n'est point commode;
Si fin soit-on[1], il faut capituler
Lorsqu'il s'agit de la déesse Mode.
Hier: chapeau plat; demain: chapeau pagode;
Autant de jours, autant de favoris:
Avoir du charme en trente-six méthodes,
C'est le secret des femmes de Paris.

. . . .

ENVOI

Princesses, moi qui pourrais faire une ode
Rien que des chocs dont vous m'avez meurtri,[2]
D'où vient qu'à vous encor je m'inféode?[3]
C'est le secret des femmes de Paris.

GEORGE DELAMARE

---

[1] Si fin soit-on: Même si on est ingénieux.
[2] meurtri: blessé.
[3] je m'inféode: je me soumets.

38

CHEZ UN GRAND COUTURIER

39

Peter avait de nombreux achats[4] à effectuer à Paris. Il s'était engagé, avant son départ des États-Unis, à rapporter à ses parents, à ses frères et sœurs et à de nombreux amis, une liste considérable d'objets divers allant de vêtements jusqu'à certaines images d'Épinal[5]. Il avait tenu à[6] ne pas décevoir et de temps en temps il rayait[7] sur la liste les achats qu'il avait faits. Cette liste semblait inépuisable. Je guidais moi-même Peter; ma sœur, Monique, s'était proposée pour tout ce qui concernait les objets féminins. Ce fut encore là une occasion d'arpenter[8] Paris dans tous les sens.

Les Galeries Lafayette sont un «Grand Magasin» comme il en existe aux États-Unis, avec des succursales[9] dans tout le pays. Et pourtant ces grands magasins parisiens ont leur caractère propre.

—Les Français suivent la mode et la trouvent dans les grands magasins, déclara ma sœur.

—Comment se peut-il, demanda Peter, que la mode créée par les grands couturiers se retrouve si rapidement dans les magasins à grande diffusion[10]?

—C'est leur raison d'être; ils achètent les modèles aux couturiers et les diffusent abondamment à des prix fort abordables[11]. Pourtant, continua-t-elle, il existe des différences entre une robe achetée dans un Grand Magasin et une robe livrée par le couturier. Mais cette différence, Messieurs, il n'y a que nous, les femmes, pour la saisir. Elle se situe dans de petits détails de coupe, de fini, de tissu; mais tout cela vous est étranger.

Monique effectua l'achat de la robe destinée à la jeune sœur de Peter. Elle y mit[12] autant de soin que s'il s'agissait d'un achat personnel. Elle posa de nombreuses questions à la vendeuse. La discussion semblait sérieuse car toutes deux avaient l'air grave.

---

[4] achats: choses à acheter.
[5] *Voir* Commentaires.
[6] avait tenu à: voulait absolument.
[7] rayait: effaçait.
[8] arpenter: parcourir, nous promener.
[9] succursales: *branches*.
[10] diffusion: distribution.
[11] abordables: modérés.
[12] mit (*p.s. de* mettre).

—L'achat d'une robe est une chose importante, déclara Monique, qui ne goûtait pas du tout notre attitude moqueuse. Imaginez que je choisisse n'importe quel tissu, sans savoir s'il se froisse[13] vite ou s'il se repasse[14] facilement. Allez plutôt visiter le rayon[15] «homme» à l'étage supérieur.

Le rayon «homme» occupait tout un étage. Peter s'intéressa aux chemises qu'il trouva très américaines par leur coupe et leurs couleurs. Monique nous rejoignit[16] bientôt, et à Peter, qui trouvait qu'un costume d'homme était le même partout, elle démontra que la coupe du costume qu'il portait n'avait rien de commun avec celle de mon costume, acheté en France.

—Regardez la veste,[17] par exemple. Celle de Peter est bien plus longue. Vous n'avez donc aucun sens de l'observation!—Monique avait tout à fait raison et nous nous sommes étonnés de ne pas avoir plus tôt noté bien des différences. Nous en avons ensuite beaucoup ri et, tout au long de cet après-midi, il ne fut question que de revers de pantalons,[18] de coupe de veste, etc. . . .

La rue du Faubourg-Saint-Honoré possède les plus luxueux magasins de Paris; on les appelle les Boutiques du Faubourg. Les prix sont très élevés et les nombreux passants s'attardent plus volontiers à contempler les vitrines qu'à entrer.

Monique nous avait entraînés, tout au long de cette rue, à la recherche du cadeau que Peter se proposait de faire à sa mère. Le choix était très vaste; aussi une bonne heure passa-t-elle[19] sans qu'aucune décision soit prise. Monique éprouvait un réel plaisir à faire des emplettes[20] dans cette rue où elle avait rarement l'occasion de venir. Finalement elle décida[21] Peter et un magnifique sac de

---

[13] se froisse: *rumples.*
[14] se repasse: *irons.*
[15] rayon: section, *department.*
[16] rejoignit (*p.s. de* rejoindre).
[17] veste: *jacket.*
[18] revers de pantalons: *trouser cuffs.*
[19] Remarquez l'inversion après «aussi» (= c'est pourquoi).
[20] emplettes: achats.
[21] décida: persuada.

cuir vint s'ajouter aux paquets que nous nous étions partagés, Peter et moi. A la fin de la journée nous étions très fatigués; sans trop nous en rendre compte,[22] nous avions marché pendant des heures.

Comme Peter avait montré qu'il s'intéressait aux grands couturiers, Monique proposa de nous conduire à une présentation chez un couturier où une de ses amies travaillait comme «public-relation». C'était au début de l'été et il faisait ce jour-là très chaud à Paris. Nous fûmes[23] donc fort surpris de constater, lorsque nous eûmes[24] en main le programme, que nous allions assister à la présentation de la collection d'hiver. Monique nous expliqua, non sans se moquer gentiment de notre ignorance, que les couturiers étaient obligés de prévoir de longs mois à l'avance afin de permettre que leurs modèles soient réalisés[25] en grande série, la saison venue. Cela nous sembla fort logique. Nous étions assis sur de fragiles chaises style «Louis XV» dans le salon d'un vieil hôtel particulier. Les spectateurs, les acheteurs devrait-on dire, laissaient un grand espace vide où les mannequins paraîtraient revêtues des modèles à présenter. Le défilé commença. Une voix masculine, celle du couturier sans doute, annonçait le nom donné à chaque modèle, des noms étranges, parfois poétiques, mais qui, pour nous du moins, n'évoquaient jamais les modèles qui leur correspondaient. Voir ces jeunes femmes enveloppées dans de chauds manteaux, à cette époque de l'année, prêtait à rire; mais bientôt, leurs silhouettes gracieuses et leurs mouvements, qui semblaient avoir été réglés par un chorégraphe, firent[26] que notre attention fut captée comme au théâtre. Parfois, des gens autour de nous applaudissaient un modèle qui leur paraissait particulièrement réussi[27]. Le défilé cessa. Ni Peter ni moi, nous n'avions saisi l'«évolution de la mode» qui semblait être le grand sujet de conversation de Monique et de son

---

[22] sans nous en rendre compte: sans l'avoir remarqué.
[23] fûmes (*p.s. de* être).
[24] eûmes (*p.s. de* avoir).
[25] réalisés: produits.
[26] firent (*p.s. de* faire).
[27] réussi: exécuté avec succès.

42

amie, qui, prises[28] comme elles l'étaient par leur sujet, avaient totalement oublié notre présence.

Les bagages de Peter, qui s'entassaient dans sa chambre, commençaient à lui poser de sérieux problèmes. Il lui faudrait
5 acheter une nouvelle valise pour pouvoir tout emporter. Peut-être aurait-il des difficultés avec la douane; j'essayais de le rassurer de mon mieux, sans trop parvenir à le convaincre. Il était victime de son sens profond de l'amitié, il avait su répondre à la demande de chacun, et les petits problèmes qui se posaient à lui maintenant
10 n'avaient guère d'importance. A son arrivée à New York, il **pourrait** distribuer à chacun son petit cadeau.

---

[28] **prises**: totalement occupées.

Images d'Épinal

Épinal est une ville de l'est de la France, connue depuis plus de cent ans pour la fabrication de livres illustrés en couleurs, destinés aux jeunes enfants.

Grands Magasins–Grands Couturiers

Comme toutes les grandes villes, Paris a de grands magasins situés dans divers quartiers. Les plus importants sont les Galeries Lafayette, Le Printemps, La Samaritaine, Le Louvre et le Bon-Marché. Paris est le centre de la mode féminine et ses couturiers, qui sont connus dans le monde entier, font chaque année des présentations ou expositions de leurs dernières créations. Ils sont trop nombreux, et la rivalité qui existe entre eux est trop intense, pour qu'on les mentionne ici individuellement.

Faubourg

Il est peut-être utile d'expliquer ici ce terme qui s'ajoute souvent au nom d'une rue.

Paris, à différentes époques de son histoire, était entouré de murs qui ont disparu depuis. Ce qui se trouvait en dehors de ces enceintes s'appelait faubourg (= hors du bourg, hors de la ville). Peu à peu les rues qui aboutissaient à ces murs se sont prolongées hors de ceux-ci. Pour les distinguer des anciennes rues on a ajouté à leur nom le terme faubourg. C'est ainsi que nous avons la rue Saint-Honoré et la rue du Faubourg-Saint-Honoré qui la prolonge; la rue Saint-Jacques et la rue du Faubourg-Saint-Jacques; etc.

QUESTIONS

1. Qu'est-ce que les Parisiennes parviennent à faire, quelle que soit la mode ?
2. Quel est leur secret aussi dans un domaine plus sentimental ?
3. Quelle est la conclusion du poète ?
4. Pourquoi Peter va-t-il dans un Grand Magasin de Paris ?
5. Qu'arrive-t-il aux créations des grands couturiers ?
6. Qu'est-ce que Monique veut savoir avant d'acheter une robe ?
7. Les vêtements que portent les Américains sont-ils semblables à ceux des Français ?
8. Quelles sortes de magasins trouve-t-on dans la rue du Faubourg-Saint-Honoré ?
9. Pourquoi les jeunes gens étaient-ils très fatigués ?
10. Quelle collection présentait-on chez le grand couturier ?
11. Décrivez les mannequins.
12. Pourquoi Peter a-t-il besoin d'une valise de plus ?
13. Quels sont les Grands Magasins les plus importants de Paris ?
14. Que veut dire le mot «faubourg» ?
15. Pourquoi l'a-t-on ajouté au nom de certaines rues ?

Boutiques et marchés

POUR TOI MON AMOUR

Je suis allé au marché aux oiseaux
Et j'ai acheté des oiseaux
Pour toi mon amour
Je suis allé au marché aux fleurs
Et j'ai acheté des fleurs
Pour toi mon amour
Je suis allé au marché à la ferraille[1]
Et j'ai acheté des chaînes
De lourdes chaînes
Pour toi mon amour
Et puis je suis allé au marché aux esclaves
Et je t'ai cherchée
Mais je ne t'ai pas trouvée mon amour.

JACQUES PRÉVERT

---

[1] ferraille: vieux objets de fer.

Comme dans toutes les grandes villes, il y a des quartiers pauvres à Paris. Peter avait voulu que je l'y mène et nous nous promenions dans la rue Mouffetard, rue sinueuse avec de très vieilles maisons et une grouillante[2] vie populaire. Elle est pleine de boutiques, de petits commerces et de petits cafés. 5

—Ce qui m'étonne, me dit Peter, c'est le grand nombre de ces boutiques et de ces cafés. Je vois, ici et là, de grandes brasseries[3], de grands magasins et même des super-marchés à l'américaine. Comment tout ce petit commerce peut-il prospérer?

—Je vais te l'expliquer. Ces petis cafés ont leurs clients 10 réguliers, leurs habitués. Ceux-ci considèrent le patron comme un ami. Ils viennent surtout le soir, après leur travail, restent deux heures à boire un verre de bière ou une chopine[4] de vin, jouent aux cartes avec leurs camarades et discutent les nouvelles du jour. C'est souvent là qu'ils lisent le journal, qu'ils regardent «la télévi- 15 sion» et qu'ils font même leur correspondance. Dans un grand café, ils ne se sentiraient pas «chez eux».

Ce sont des circonstances semblables qui expliquent le grand nombre de petis commerces.

Une femme qui «fait son marché» passe, tous les matins, de la 20 boucherie à la boulangerie, puis à la fruiterie, à l'épicerie et à la crémerie. Elle choisit ses côtelettes, considère la fraîcheur des œufs, du beurre et des laitues. Elle écoute les recommandations des commerçants et surtout celles de ses voisines qu'elle trouve là, mais elle leur donne aussi son avis. Elle participe aux causeries inévitables 25 qui lui permettent de connaître les nouvelles et surtout les petits scandales du quartier. L'heure qu'elle passe ainsi à ses achats rend plus supportable ou même plus agréable une vie qui, souvent, est assez monotone.

Je venais de finir ces explications quand un chant bizarre 30 ou plutôt des paroles psalmodiées[5] et répétées inlassablement

---

[2] grouillante: agitée.
[3] brasserie: café-restaurant.
[4] chopine: petite bouteille.
[5] psalmodiées: chantées d'une façon monotone.

parvinrent[6] à nos oreilles: «Demandez les beaux choux-fleurs!
—Poires fondantes!» C'était une marchande des quatre saisons, une
vieille femme qui poussait péniblement sa charrette à bras, pleine
de légumes et de fruits.

5   —Cette pauvre femme a-t-elle, elle aussi, des clientes?
demanda mon ami.

    —Sans nul doute. Il y a, dans ces quartiers pauvres, bien des[7]
ménagères trop occupées chez elles pour pouvoir passer une heure
ou deux à faire leur marché. Elles sont bien contentes de trouver à
10 leur porte ce dont elles ont besoin.

    —Mais pour la vendeuse c'est, me semble-t-il, un métier
épuisant[8]. A-t-elle un grand potager[9]? Peut-être son mari est-il
jardinier?

    —Hélas non! Elle va, avec sa charrette vide, à six heures du
15 matin, dans le centre de Paris, aux Halles[10] centrales. Elle y achète
les légumes et les fruits qu'elle espère revendre. Tu as bien raison
de la plaindre, car elle fait son travail par tous les temps, du
printemps jusqu'à la fin de l'hiver. C'est pour cela qu'on l'appelle
vendeuse des quatre saisons.

---

[6] parvinrent (*p.s. de* parvenir).
[7] bien des: beaucoup de.
[8] épuisant: très fatigant.
[9] potager: jardin où on cultive des légumes.
[10] halles: grand marché.

Il faudra que tu lises un conte d'Anatole France: Crainquebille. C'est l'histoire d'un vieux marchand des quatre saisons qui
pousse sa charrette à bras dans une rue comme celle où nous
sommes. Il annonce sa marchandise comme la vieille femme que
tu as entendue. Il s'est arrêté et s'est un peu attardé[11], attendant 5
qu'une cliente aille chercher l'argent qu'elle lui doit. Un agent de
police survient qui lui ordonne de continuer sa route; le vieux
proteste; au cours de la discussion l'agent prétend que Crainquebille l'a insulté. Il lui dresse procès-verbal[12]; le vieillard passe en
justice et est condamné à quinze jours de prison par un juge qui 10
donne raison à l'agent sans tâcher de comprendre l'accusé.

Quand Crainquebille reprend sa tournée[13] dans son quartier
habituel, ses anciennes clientes le considèrent comme un criminel
et s'écartent de lui. Sa vie est brisée; il devient petit à petit un
misérable vagabond qui, finalement, ne demande qu'à retourner en 15
prison pour ne pas mourir de faim.

Comme tu vois, tu trouveras dans ce conte la triste image
d'un pauvre marchand des quatre saisons et de ses rapports avec ses
semblables[14]. Tu y trouveras aussi une satire des méthodes
policières et judiciaires. 20

—Je ne manquerai certainement pas de le lire. Mais pourrais-tu
me dire quelques mots de ces Halles centrales que tu as mentionnées.

—Je dois te dire, tout d'abord, qu'elles vont disparaître. Ces
immenses hangars, qui doivent accumuler les aliments[15] nécessaires
à trois millions de gens et qui se trouvent au centre même de Paris, 25
occasionnent maintenant, dans la circulation, des embouteillages[16]
continuels. Il est évident qu'il faudra décentraliser et on va, en
effet, créer de grands marchés dans les environs tout proches de la
capitale. C'est bien dommage. Heureusement, cela va prendre
quelque temps. On ne démolit et on ne rebâtit pas aussi vite ici 30
qu'en Amérique.

[11] attardé: arrêté trop longtemps.
[12] dresser procès-verbal: citer (*summon*) en justice.
[13] tournée: voyage professionnel.
[14] ses semblables: les autres gens.
[15] aliments: tout ce qui se mange.
[16] embouteillages: arrêts de la circulation.

—Pourquoi est-ce dommage? Un marché semblable n'a pas sa place au centre d'une grande ville moderne.

—Peut-être as-tu raison. Mais les Halles faisaient partie d'un tout. Zola les a appelées le Ventre[17] de Paris. Enfin! Il faudra
5 s'habituer à un Paris sans ventre. Des restaurants entouraient les hangars. On y mangeait très bien. C'étaient surtout des restaurants de nuit où l'on allait après le théâtre ou le bal. Vont-ils aussi s'en aller?

—Mais le théâtre et les bals ne vont pas disparaître. Alors!
10 Pourquoi les restaurants cesseraient-ils d'exister?

—C'est juste. Tu es un optimiste! Et puisqu'ils sont encore là, je te mènerai un soir, après le théâtre, manger une soupe à l'oignon au «Chien qui fume.»

---

[17] ventre: abdomen.

COMMENTAIRES

Anatole France–Émile Zola

Anatole France est un des plus grands écrivains de la fin du XIXᵉ siècle et du début du XXᵉ. Quand il a écrit *Crainquebille*, où il satirise la police et la justice de son époque, il s'inspirait de l'Affaire Dreyfus, un cas célèbre d'injustice judiciaire où lui-même et Émile Zola avaient pris la défense de l'accusé.

Zola est un des grands romanciers de la même époque et le chef de l'école naturaliste. Beaucoup de ses romans ont Paris pour cadre. Outre *Le Ventre de Paris*, il a écrit un roman où il décrit la vie intense d'un des premiers *grand magasins* du XIXᵉ siècle: *Au Bonheur des Dames*.

Les Halles Centrales

Les Halles ont occupé un quartier central de Paris depuis le XIIᵉ siècle. Ses hangars et ses marchés en plein air couvrent 4 hectares (*10 acres*).

Pendant la nuit, de toutes les directions, des milliers de camions entrent dans Paris et se dirigent vers les Halles pour y déverser leurs marchandises. Vers deux heures de l'après-midi, le commerce s'y arrête et toutes ces voitures se remettent en marche vers la périphérie. Le grand accroissement de la population, le besoin de plus en plus grand de produits alimentaires, l'intensité de jour en jour plus considérable de la circulation exigeaient des changements radicaux. Les Halles vont bientôt disparaître, en tout ou en partie. Déjà on a ouvert, au Sud de Paris, à Rungis, de grands marchés et des entrepôts[1] qui vont couvrir une superficie de 50 hectares (*125 acres*). On doit y transférer les marchés des légumes, des fruits, du beurre, du fromage, des œufs, du poisson, etc. Le marché de la viande sera transféré dans le nord de Paris, à La Villette où se trouvent déjà les abattoirs[2].

C'est une partie de la vie de la capitale qui va disparaître. Il faudra lire *Le Ventre de Paris* pour imaginer ce qu'elle était.

---

[1] entrepôts: *warehouses.*

[2] abattoirs: bâtiments où on tue les animaux.

QUESTIONS

1. Pourquoi l'amoureux veut-il acheter des chaînes ?
2. Décrivez la rue Mouffetard.
3. Pourquoi Peter est-il étonné de voir tant de petits magasins ?
4. Où les ouvriers vont-ils souvent passer une heure ou deux le soir ? Pourquoi ?
5. Est-ce que les femmes achètent tout ce dont elles ont besoin dans un seul magasin ?
6. Font-elles leurs achats en courant ?
7. Qui les deux amis ont-ils remarqué ?
8. Que doit faire la marchande avant de faire sa tournée ?
9. Pourquoi Crainquebille s'était-il attardé ?
10. Quelle a été l'attitude du juge ?
11. Quelle a été l'attitude des clientes lorsque Crainquebille a repris sa tournée ?
12. Pourquoi les Halles centrales vont-elles disparaître ? (Voir les Commentaires).
13. Qui est Émile Zola ? Qu'a-t-il écrit ?
14. Qu'est-ce que Jean semble regretter surtout ?
15. Qu'est-ce que les deux jeunes gens vont faire un soir, après le théâtre ?

8

Restaurants

Peter avait mis quelques jours avant de s'adapter au rythme des repas français. Un déjeuner au restaurant prend souvent d'une heure et demie à deux heures. Le dîner dure davantage et ne commence que vers huit heures et même souvent plus tard. Ceci le changeait naturellement de ses habitudes américaines. J'avais tenu 5 à lui présenter le côté très spécial de la vie française qu'est la cuisine. En France on dit: «L'Art culinaire[1]». Peter n'avait pas compris.

—La cuisine est-elle un art, ou bien est-ce là une forme de publicité? demanda-t-il.

—Tu donneras toi-même la réponse dans quelques jours, lui 10 répliquai-je.

---

54   [1] culinaire: de la cuisine.

Il me fit comprendre qu'il trouvait ma réponse bizarre.

Le petit déjeuner français est bien modeste. Souvent, le matin, je me contente d'une tasse de café. Peter avait accepté de m'imiter, se réservant le droit de prendre un sandwich dans le courant de la
5 matinée si son estomac lui en avait signifié le besoin exprès[2].

Toutefois, ce jour-là, la matinée passa sans que Peter ne témoigne la moindre envie de se restaurer[3], tout occupé qu'il était à jouir de notre promenade dans Paris. Sur le coup de[4] midi, nous nous rendîmes[5] dans un restaurant et, par un réflexe bien connu,

---

[2] exprès: précis, évident.
[3] se restaurer: manger.
[4] Sur le coup de: exactement à.
[5] rendîmes (*p.s. de* rendre).

Peter me déclara avoir tout d'un coup très faim. Ce petit restaurant ne payait pas de mine[6], mais je savais qu'on y faisait de la très bonne cuisine pour un prix fort raisonnable.

Nous avions refusé de prendre un apéritif[7] comme nous le demandait le garçon. Déjà cela lui parut[8] suspect. Mais quand, 5 après avoir commandé des spécialités régionales, Peter réclama un coca-cola le garçon eut un regard navré[9].

—Non Monsieur, je suis désolé, mais il n'est pas possible de boire du coca-cola avec du saucisson chaud à la lyonnaise[10].

Le patron[11], un gros homme jovial, s'était approché. 10

—Servez à Monsieur un verre de vin de pays, et à mon compte[12] s'il vous plaît!

Le garçon s'exécuta. Peter semblait choqué d'une telle désinvolture[13]. Le gros homme revint, amusé de sa mine déconfite[14].

—Vous êtes étranger, n'est-ce pas? 15

—Oui, Monsieur.

—Faites-moi le plaisir de goûter le vin que je vous offre; vous m'en direz des nouvelles[15]. Je comprends très bien qu'on boive du coca-cola pour satisfaire sa soif; mais pour accompagner ma cuisine, Monsieur, je ne vous le pardonnerais jamais. Ce vin que 20 vous allez boire convient parfaitement au plat que vous avez commandé. Un connaisseur goûte le vin par petites gorgées[16]; il le garde un instant dans la bouche pour que chaque papille[17] s'en imprègne, pour pouvoir sentir sa rugosité sur la langue ou bien son velouté si c'est un vieux vin. 25

Et le patron joignit[18] le geste à la parole, se servit très peu de

---

[6] ne payait pas de mine: n'avait pas très belle apparence.
[7] apéritif: boisson qui ouvre l'appétit.
[8] parut (*p.s. de* paraître): sembla.
[9] navré: désolé.
[10] à la lyonnaise: à la façon de la ville de Lyon.
[11] patron: restaurateur, *boss.*
[12] à mon compte: *on the house.*
[13] désinvolture: familiarité.
[14] déconfite: interdite, embarrassée.
[15] vous m'en direz des nouvelles: je crois que vous m'en direz du bien, me direz qu'il est bon.
[16] gorgées: *sips.*
[17] papilles (gustatives): *papillas, taste-buds.*
[18] joignit (*p.s. de* joindre): ajouta.

vin dans un grand verre qu'il prit dans la paume de la main. Il but[19] une petite gorgée et son visage prit une étrange expression, comme s'il attendait de ce vin une réponse. Cette réponse vint après quelques secondes.

5   —Vous verrez, Monsieur, que ce vin est un peu vert[20], il râpe un peu trop le palais; il sera bien meilleur dans quelques mois. Goûtez-le donc!

Peter, amusé, imita l'homme et redevint sérieux pour dire: «C'est exact; ce vin râpe le palais».

10   Le patron sembla fort satisfait que Peter se soit plié[21] de bonne grâce à ce qu'il avait proposé et je l'entendis, quelques instants plus tard, qui donnait des ordres à la cuisine. Nous fûmes merveilleusement servis. Le patron revint nous voir plusieurs fois durant ce déjeuner.

15   —Il ne faut pas boire beaucoup de vin, dit-il. Il faut le goûter tout en mangeant, très lentement. Vous savez, je n'aime pas les ivrognes, ils boivent n'importe[22] quel vin, n'importe quand. Pour moi, Monsieur, le vin exige un grand respect, et le boire est un rite.

Nous ne pouvions, Peter et moi, échanger la moindre parole.

20 Après les conseils sur le boire vinrent ceux concernant le manger. Et il nous fut expliqué comment il fallait manger le saucisson chaud: «jamais la farce[23] seule; toujours accompagnée d'un morceau de la pâte qui l'entoure», puis comment il fallait couper la truffe: «en petits cubes réguliers,» etc. . . . .

25   —J'ai l'impression de m'initier vraiment à un rite, dit Peter une fois que nous fûmes restés seuls.

—Non, lui répliquai-je, pas à un rite, à un art; tu es initié à l'art culinaire. Et cet art ne consiste pas seulement à bien faire la cuisine mais aussi à bien la goûter.

30   La conséquence de ce déjeuner fut que le séjour parisien de Peter fut parsemé[24] de «séances gastronomiques»—l'expression

---

[19] but (*p.s. de* boire).
[20] vert: jeune.
[21] se soit plié: ait accepté.
[22] n'importe: il n'importe pas.
[23] farce: *stuffing*.
[24] parsemé: *interspersed*.

est de lui. Cependant nous essayions d'éviter les repas trop copieux au déjeuner, les réservant plus volontiers pour le soir, où nous avions plus de temps.

C'est ainsi que des restaurants modestes où nous déjeunions le plus souvent nous passions de temps à autre à des établissements 5 plus somptueux. Souvent la qualité y était inférieure. Le décorum et le prestige et parfois le cadre justifiaient peut-être les prix excessifs.

Quai d'Anjou, au bord de la Seine, au dernier étage d'un immeuble, se trouve un des restaurants parisiens les plus réputés. 10 Nous étions invités, car notre budget de vacances ne nous aurait pas permis une telle dépense. C'était la première fois que nous dînions, Peter et moi, dans un tel restaurant. Le personnel fort empressé[25], ne nous surprit qu'un instant. Le cadre, décoré avec beaucoup de discrétion, nous retint[26] plus longuement, comme 15 l'atmosphère presque veloutée qui y régnait. Une grande baie vitrée permettait de plonger le regard vers les quais et le Marais, un des plus vieux quartiers de Paris dont les hôtels particuliers du XVIIème siècle étaient ce soir-là illuminés. Les plats arrivaient, présentés sur des plateaux d'argent avec beaucoup de soin. 20

—Si le maître d'hôtel ne m'avait pas servi, je n'aurais jamais osé détruire l'ordonnance des plats, m'avoua un peu plus tard Peter. Je commence à penser que nos repas dans des restaurants si différents m'ont beaucoup appris sur la France. La cuisine est un art et la manger est un grand plaisir. 25

---

[25] empressé: poli.
[26] retint (*p.s. de* retenir): a retenu notre attention.

COMMENTAIRES

Évolution

L'art culinaire, dont parle l'ami de Peter, continue à participer au charme de la vie en France. On doit cependant remarquer qu'une évolution se produit, depuis quelques années, dans l'attitude des Parisiens à cet égard. Elle provient probablement de l'intensité trépidente de la vie moderne et du coût relativement élevé des repas pris au restaurant.

Les petits restaurants que fréquentaient les ouvriers ont tendance à disparaître. Leurs anciens clients, le plus souvent, emportent leur déjeuner ou mangent à la cantine de leur usine. Les automates et les «Snack-Bars» permettent de manger rapidement. Les jeunes économisent sur les repas pour arriver à s'acheter une petite auto.

Néanmoins, on mange toujours mieux en France que dans n'importe quel autre pays du monde.

LA CARTE

Potage Longchamp *1.70*
Consommé Chaud *2.60* — Soupe à l'Oignon Gratinée *3.70*

HORS D'OEUVRES

Suprême de Grives au Porto (2 pers) *9.00* — Salade de Tomates *2.60* —
Salade Niçoise *3.30* — Sardines à l'Huile *2.60* — Céleri Rémoulade *3.00* —
Rillettes d'Oie *2.10* — Croque Monsieur *4.00*

OEUFS

Oeuf Mayonnaise, Oeuf en Gelée *1.80* — Oeufs Cocotte à la Crème *3.80* —
Omelette Champignons *4.50*

POISSONS

Merlan Frit *4.20* — Moules Marinière *5.00* — Sole Meunière, Pommes à
l'Anglaise *10.50* — Demi Langouste de Mauritanie à la Parisienne *15.50*

ENTRÉES

Francforts, Pommes Allumettes *3.30* — 6 Escargots de Bourgogne *3.80* —
¼ Poulet Rôti à la Broche P. Allumettes *6.30* — Steak Haché Poëlé P.
Allumettes *6.30* — Choucroute Garnie Alsacienne *7.60* — Pave de Charolais
à la Moelle ou au Poivre *11.10* — Steak Grillé *6.30* — Côtes d'Agneau
10.50 — Chateaubriand Béarnaise (2 pers) *26.00*

LÉGUMES

Salade de Saison *2.10* — Pâtes du Jour au Beurre *1.70* — Pâtes Gratinées
2.10 — Pommes Purée *1.70* — Coeurs de Céleri au Beurre *3.70* — Petits
Pois au Beurre *3.10* — Endives Meunière *3.80*

FROMAGES

Le Plateau *2.80* — Roquefort *2.30* — Chèvre, Camembert, Gruyère, Brie
1.80 — Port Salut, Petit Suisse, Yaourt *1.20*

DESSERTS

Omelette Norvégienne ou Soufflé Rothschild (2 pers) *9.00* — Pâtisserie
1.70 — Crêpe au Sucre, (Pièce) *0.65* — Tarte Maison *1.80* — Glace tous
Parfums *2.30* — Crème Caramel *2.30* — Compote de Fruits *2.70* —
Meringue Glacée *3.70* — Pêche Melba *3.90*

Menus

Des Américains, qui ne sont pas encore allés en France, s'intéresseront peut-être à lire le menu d'un restaurant parisien.

Le menu ci-joint est celui d'un restaurant très connu de la Rive Gauche dont les prix sont moyens. On trouve aussi à Paris des repas beaucoup moins chers et d'autres dont les prix sont beaucoup plus élevés.

Il faut ajouter qu'en province le prix des repas est, en général, de 25 à 30% moins élevé qu'à Paris.

QUESTIONS

1. Pourquoi Peter trouvait-il difficile de s'adapter au rythme des repas?
2. Le petit déjeuner de Peter était-il aussi copieux qu'en Amérique?
3. Où les deux amis sont-ils allés déjeuner à midi?
4. Qu'est-ce que Peter a commandé comme boisson?
5. Qu'est-ce que le patron lui a fait servir?
6. Selon le patron, comment faut-il goûter le vin?
7. Qu'est-ce que le patron a dit du vin, après l'avoir goûté?
8. Qu'est-ce que le patron dit des ivrognes?
9. Comment le patron a-t-il recommandé de manger le saucisson à la lyonnaise?
10. Décrivez le restaurant de luxe où les deux amis avaient été invités.
11. Qu'est-ce que c'est que le quartier du Marais?
12. A quelle conclusion Peter est-il arrivé finalement à propos de la cuisine?
13. Remarque-t-on une évolution chez beaucoup de Français dans leur attitude envers l'importance de la cuisine?
14. Quels plats préférez-vous?
15. Vous voulez dépenser pour votre dîner entre trois et quatre dollars (15 à 20 francs). Que commanderez-vous?

9
Le Quartier Latin

LE MATIN

Lorsque s'éveille le Matin
Au Luxembourg encore désert,
En chantant dans le gazon vert
Les oiselets font leur festin.

Les feuilles sont comme un satin
Des larmes de la nuit couvert,
Lorsque s'éveille le Matin
Au Luxembourg encore désert.

Le moineau[1] du Quartier Latin,
Pour qui se donne le concert,
A des miettes[2] pour son dessert,
Et folâtre[3] comme un lutin[4]
Lorsque s'éveille le Matin.

THÉODORE DE BANVILLE

---

[1] moineau: *sparrow.*
[2] miettes: tout petits morceaux de pain.
[3] folâtre: joue follement.
[4] lutin: gobelin.

Le boulevard Saint-Michel n'est pas une promenade réservée aux étudiants. Et pourtant, les librairies, les magasins de vêtements, les cinémas, tout semble avoir été conçu, prévu, réalisé, à leur seul usage.

5 —Le «campus» semble s'être fait une place dans la ville, remarqua Peter.

Paris porte son université comme son enfant. Mais la Sorbonne ne suffit plus à contenir les Facultés[5] des Sciences et des Lettres. La vieille Faculté de Médecine a également éclaté et a transporté
10 une partie de ses locaux dans un quartier voisin. La Faculté de Droit, plus favorisée semble-t-il, a absorbé un à un les bâtiments qui l'entouraient pour pouvoir s'étendre et demeurer en place. Finalement les empiètements[6] successifs n'ont pas suffi et une Faculté de Droit toute neuve s'élève maintenant de l'autre côté du
15 jardin du Luxembourg, fière de son architecture révolutionnaire et de ses amphithéâtres géants, mais, hélas, dépourvue de[7] «parkings» pour les automobiles.

—Pourquoi les Universités s'obstinent-elles à vouloir demeurer dans Paris? Un jour viendra où il faudra s'agrandir encore . . . , dit
20 Peter.

—Ce jour-là est déjà arrivé et l'Université éclate[8] vers la banlieue.

J'expliquai à Peter que l'Administration était, sans doute, opposée à l'idée d'un vaste «campus» universitaire, mais pour des
25 raisons restées bien obscures. Peut-être se méfiait-on de l'esprit révolutionnaire des étudiants et voulait-on ainsi éviter une trop grande centralisation. Les Grandes Écoles[9], à leur tour, s'apprêtent à quitter Paris.

—Peut-être y a-t-il un avantage à cet éparpillement[10], me fit
30 remarquer Peter; le fait de vivre en campus risque de masquer aux

---

[5] faculté: école.
[6] empiètements: extensions.
[7] dépourvue de: sans.
[8] éclate: s'étend brusquement.
[9] Écoles spéciales où l'on entre par concours: École Polytechnique, École Normale Supérieure, etc.
[10] éparpillement: dispersion.

LE PANTHÉON

étudiants les réalités du monde extérieur. En France, ce danger est évité.

—En effet, ce danger ne nous concerne pas, mais bien d'autres vont se présenter. Le nombre des élèves de lycée et celui des universités va être trois fois plus grand dans quelques années. Les locaux actuels ne suffiront plus et on ne trouvera pas assez de professeurs, surtout parce que ceux-ci ne sont pas payés suffisamment.

Nous avons ensuite considéré longuement le problème des études proprement dites. Nous étions assis à une terrasse de café, près du jardin du Luxembourg. Sur notre gauche s'élevait la rue Soufflot, dominée par la coupole du Panthéon, où sont déposées les cendres des grands hommes de la Nation. Derrière le Panthéon se trouve la place de la Contrescarpe qui, comme son nom l'indique,

est l'emplacement d'un ancien rempart de la ville. On y trouve un cabaret où toutes les gloires de la chanson française moderne ont débuté. La soirée que nous y avons passée, assis inconfortablement sur des tabourets[11] de bois, restera un des meilleurs souvenirs de
5 Peter. Aux chanteurs français étaient venus se joindre un couple d'Israéliens, puis un grand américain blond et barbu, enfin un guitariste sud-américain. Les portes de ce cabaret d'essai sont en effet largement ouvertes à des talents de toutes origines. La qualité du spectacle nous fit rapidement oublier l'inconfort des lieux, et la
10 nuit était bien avancée quand nous avons pris le chemin du retour.

Les cinémas du Quartier Latin semblent défier la grande publicité, car ils offrent chaque semaine de bons films qui n'ont pas reçu un accueil favorable de la critique ou du grand public. Quand un film de moins bonne qualité vient interrompre la série, le
15 spectacle passe parfois dans la salle. Les étudiants manifestent leur mécontentement par des reflexions drôles, ou bien la salle toute entière participe à l'action du film et réagit en même temps que les acteurs. C'est ainsi que le cinéma du Quartier Latin reste une distraction amusante quelle que soit la qualité du film projeté.

20 La Sorbonne méritait une visite et je me fis un plaisir d'y conduire Peter. Retrouver ces lieux que je n'avais pas toujours appréciés, alors que ma présence y était obligatoire, me fut un réel plaisir. Après avoir franchi[12] la partie ancienne, généralement ouverte au public, nous avons longuement marché dans les couloirs.

25 —C'est un véritable labyrinthe, me fit remarquer Peter, il faut une grande habitude pour ne pas se perdre dans ces galeries.

J'avais eu au début de mes cours dans la vieille Université le même sentiment. Je rassurai Peter et je lui promis que, si ma mémoire me faisait défaut[13], nous trouverions notre Ariane[14] parmi
30 les jeunes filles qui consultaient les tableaux ou qui lisaient, assises sur les gros bancs de bois qui se trouvent dans chaque couloir. La

---

[11] tabourets: sièges, chaises sans dossiers.
[12] franchi: passé par.
[13] me faisait défaut: *failed me.*
[14] Ariane aida Thésée à sortir du labyrinthe.

bibliothèque, où régnait un silence religieux, ne nous retint qu'un instant. J'aurais voulu montrer à Peter quelques volumes rares, mais une grande file d'étudiants attendait pour recevoir les livres qu'ils avaient demandés, et le silence des lieux nous empêchait de parler. Cet endroit est très favorable à l'étude, mais je ne pus[15] m'empêcher de raconter les chahuts[16] qui y étaient parfois organisés et auxquels j'avais effectivement participé. C'est de cette façon que nous atteignions notre but qui était de chasser quelques étudiants, installés depuis trop longtemps, et d'occuper les places ainsi libérées. Alors, le silence revenait comme par enchantement, et le travail reprenait son cours normal.

J'expliquai ensuite à Peter que la vie de l'étudiant est souvent fort difficile. Les bourses[17] allouées sont rares et leur montant peu élevé. Les chambres louées chez l'« habitant[18] » ont un loyer excessif. Les restaurants universitaires, aux tarifs abordables, sont en qualité et en quantité très insuffisants. Seules les cités universitaires de Paris permettent à un petit nombre de mener une véritable vie d'étudiant. Celle que j'avais menée avait eu pour cadre le Quartier Latin. Aussi chaque rue ou chaque petit café rappelait l'itinéraire ou une étape[19] de mes journées. Cette salle de café, cette place précise sous la fenêtre, étaient devenues, une année durant, mon lieu de travail préféré. Au milieu du bruit, des rires et de l'animation, nous parvenions avec quelques camarades à échanger des idées, à étudier un problème ou plus simplement à apprendre nos cours. Le café noir que nous commandions nous servait de prétexte à demeurer là des heures entières; et si le garçon venait nous faire comprendre que nous avions occupé trop longtemps nos places, nous commandions un autre café qui nous autorisait à prolonger notre occupation. J'avais conduit Peter dans cet endroit où rien n'avait changé. Le garçon ne semblait pas avoir vieilli, et là-bas, à la place que j'avais l'habitude d'occuper, un groupe d'étudiants travaillait.

---

[15] pus (*p.s. de* pouvoir).
[16] chahuts: tapages de protestation.
[17] bourses *scholarships.*
[18] l'habitant: les personnes qui habitent le quartier.
[19] une étape: *a halting place.*

Le Panthéon

Au sommet de la Montagne Sainte-Geneviève s'élève la masse énorme du Panthéon. Cet édifice, construit au XVIIIe siècle, fut d'abord l'Église Sainte-Geneviève.

En 1791 le gouvernement révolutionnaire décida que l'édifice serait consacré, sous le nom de Panthéon, à recevoir les restes des grands citoyens. Il fit sculpter au fronton : *Au Grands Hommes la Patrie reconnaissante.*

On y trouve, entre autres, les tombes de Voltaire, de Rousseau, de Carnot, de Victor Hugo, d'Émile Zola, de Jean Jaurès, d'Anatole France.

Sainte Geneviève est la patronne de Paris. Alors qu'[1]Atila ravageait la Gaule, au Ve siècle, elle avait promis qu'elle l'écarterait[2] de Paris et le roi des Huns épargna la ville.

HYMNE

. . . .

Gloire à notre France éternelle !
Gloire à ceux qui sont morts pour elle !
Aux martyrs ! aux vaillants ! aux forts !
A ceux qu'enflamme leur exemple,
Qui veulent place dans le temple,
Et qui mourront comme ils sont morts !

Ainsi, quand de tels morts sont couchés dans la tombe,
En vain l'oubli, nuit sombre où va tout ce qui tombe,
Passe sur leur sépulcre où nous nous inclinons ;
Chaque jour, pour eux seuls se levant plus fidèle,
  La gloire, aube toujours nouvelle,
Fait luire leur mémoire et redore leurs noms !

VICTOR HUGO

---

[1] alors que : tandis que, quand.
[2] écarterait : tiendrait éloigné.

La Sorbonne

Le chanoine Robert de Sorbon avait fondé, en 1253, à Paris, un collège où les pauvres maîtres et étudiants en théologie recevaient à la fois l'hospitalité et l'enseignement. C'est là l'origine de la Sorbonne qui, aujourd'hui, est au cœur de l'Université de Paris. Elle comprend surtout les facultés des lettres et des sciences.

Dans l'enseignement, de grands problèmes se posent en France comme aux États-Unis. Ils ont rapport à l'accroissement de la population et à l'extension de l'instruction publique dans tous les domaines et dans toutes les classes de la société.

En 1939, les universités françaises comptaient 80,000 étudiants. On s'attend à ce[3] qu'il y en ait 500.000 en 1970. Les droits d'inscription[4] sont minimes, mais les frais de séjour deviennent de plus en plus élevés. C'est là un autre problème.

Peut-être pourra-t-on y remédier en développant, plus qu'on ne l'a fait jusqu'ici, les centres universitaires provinciaux.

En mai et juin 1968, une révolution violente s'est produite dans les universités françaises. Elle s'est manifestée par des conflits avec la police, des barricades dans le Quartier Latin, et souvent par l'occupation des locaux universitaires par les élèves. Depuis, le calme est revenu, mais il est clair que l'organisation de l'Université sera complètement modifiée. Les élèves seront appelés à participer à cette réorganisation structurelle.

Le visage du Quartier Latin, que nous avons décrit restera pourtant sensiblement le même.

---

[3] on s'attend à ce que: on prévoit que.
[4] droits d'inscription: *university fees.*

CAFÉ DU QUARTIER LATIN

QUESTIONS

1. Que font les oiseaux du Luxembourg le matin?
2. Quel problème se présente aux diverses facultés de l'Université de Paris?
3. Pourquoi les administrateurs semblent-ils être opposés à l'idée de développer un vaste «campus» universitaire?
4. Selon Peter, quel avantage peut-il y avoir à disséminer les centres universitaires?
5. Que va-t-il arriver dans quelques années?
6. Où les deux amis ont-ils passé cette soirée?
7. Quels artistes ont-ils applaudis?
8. Au cinéma, les étudiants du Quartier Latin sont-ils des spectateurs ordinaires?
9. Qu'est-ce qui a frappé Peter en visitant la Sorbonne?
10. Où les deux amis ont-ils rencontré des étudiantes?
11. Qu'est-ce que Jean s'est rappelé à propos de la bibliothèque?
12. Qu'est-ce qui rend souvent la vie des étudiants très difficile?
13. Quand il était étudiant, où Jean s'arrêtait-il souvent?
14. Pourquoi Sainte Geneviève est-elle la patronne de Paris?
15. Quelle est l'origine de la Sorbonne?
16. Qu'est-il arrivé en mai et juin 1968?
17. Qu'est-ce qui sera modifié?

10

Saint-Germain-des-Prés

—C'est donc cette église qui a donné son nom au quartier, remarqua Peter.

—Au Moyen Age, l'Abbaye de Saint-Germain-des-Prés était célèbre, lui dis-je. Mais le moine Mabillon, qui la fonda, semble être tombé dans l'oubli le plus profond. Pourtant on a donné son 5 nom à un café du quartier.

—Les clients de ce café savent donc qui était ce moine.

—Je ne crois pas. D'ailleurs, pour désigner cet établissement, ils disent plutôt «le mab».

—C'est là, en vérité, une célébrité bien étrange. 10

—Saint-Germain-des-Prés est la plus vieille église de Paris. Regarde cette tour romane qui semble régner en maître[1] sur cet ensemble architectural où plusieurs styles sont venus se superposer avec bonheur tout au long des siècles.

—Le portique et la façade sont en effet si différents que j'ai 15 l'impression qu'ils ont été juxtaposés au hasard—mais un merveil-

[1] régner en maître sur: dominer.

leux hasard. Le résultat est saisissant[2] pour les yeux comme pour l'esprit.

—Peut-être que l'église et son enchevêtrement[3] de styles ont donné le ton au quartier. Ici voisinent l'érudition et les plaisirs, la
5 futilité et la philosophie. Ces contrastes existent dans tout le quartier. Tout autour de nous, tu remarques la vie agitée et bruyante d'artistes, d'étudiants, de bohèmes; mais, à deux pas d'ici tu trouveras le grand calme de la Place de Fürstenberg où Delacroix installa son atelier et où il mourut.

10 —C'est aussi le quartier des hommes de lettres, n'est-ce pas?

—Presque toutes les maisons d'éditions littéraires sont groupées dans le périmètre de ce quartier. De nombreux écrivains y habitent, exhibant des visages célèbres ou qui voudraient le devenir. Cette faune[4] étrange fréquente les cafés littéraires dont le prestige

---

2 saisissant: étonnant, frappant.
3 enchevêtrement: mélange, confusion.
4 faune: espèce humaine.

71

semble cependant ébranlé[5] depuis quelques années: Les Deux Magots, Chez Lipp, Le Flore sont devenus des lieux de rencontre pour les gens les plus dissemblables.

Nous nous étions installés à la terrasse de Chez Lipp. Peter tournait la tête, à droite et à gauche, en quête de célébrités. Mal- 5 heureusement, je n'en découvrais pas et Peter paraissait très déçu.

—Cet homme là-bas, dit-il; celui qui semble polariser l'attention du public, le connais-tu?

Il désignait un personnage à longue barbe, très occupé à dessiner sur la nappe de papier de sa table, et qui semblait fasciner 10 les gens assis autour de lui. Mais ni le garçon ni nos voisins ne savaient qui il était.

—C'est un illustre inconnu, dis-je à Peter, ou un inconnu qui se croit illustre. Il en vient souvent ici. Pourtant, Saint-Germain-des-Prés doit bien sa célébrité actuelle à des personnalités très 15 marquantes. La proximité de la Sorbonne n'est peut-être pas étrangère à cet élan[6] qui a abouti, il y a une vingtaine d'années, à une école de Philosophie, dominée par la présence de Jean-Paul Sartre.

—Sartre et Simone de Beauvoir étaient des habitués de ces cafés, n'est-il pas vrai?
20

—Certainement; et ils y ont attiré de nombreux disciples. Mais il serait faux de penser que la vie intellectuelle de ce quartier ne date que depuis la fin de la Seconde Guerre Mondiale. Une solide tradition s'est perpétuée depuis le Moyen Age.

—Donc, selon toi, il y aurait une sorte d'école littéraire 25 permanente qui aurait abouti à Sartre.

—Tu déformes ma pensée ou je me suis mal exprimé. Il n'y a évidemment pas de lien entre les idées de Sartre et celles du moine Mabillon. Je voulais seulement dire que ce quartier a toujours été un centre intellectuel et qu'il était tout désigné pour accueillir la 30 philosophie de Sartre. Ce qu'on appelle aujourd'hui «la belle époque» du quartier doit sa célébrité à de grandes figures artistiques et littéraires.

---

5 ébranlé: diminué.
6 élan: enthousiasme.

—Lesquelles par exemple?

—Sartre d'abord, philosophe, romancier et dramaturge qui a formé un grand nombre d'adeptes. Mais bien d'autres encore qui, eux aussi, ont eu leur heure de popularité et de gloire. Surtout des poètes et des chansonniers. Jacques Prévert, Raymond Queneau, Juliette Gréco que tu connais sans doute.

—Bien sûr. Elle a tourné de nombreux films aux États-Unis.

—Eh bien, c'est ici qu'elle a débuté. Elle chantait. C'était «la muse de Saint-Germain-des-Prés». Puis il y avait aussi Mouloudji, le poète-chansonnier.

—J'ai lu quelques-uns de ses poèmes dans la belle collection des «Poètes français contemporains». Ils m'ont beaucoup plu.

—Puis Georges Brassens qui chante toujours et écrit de merveilleux textes. —Mais surtout, il ne faut pas oublier Boris Vian qui a traversé cette période comme un météore.

—Parle-moi donc de cet écrivain que j'ai honte de ne pas connaître.

—C'était bien plus qu'un écrivain. Un homme extraordinaire, capable de tout faire, de tout penser et de tout dire. Ingénieur, musicien—il jouait de la trompette—qui a fait connaître le jazz aux Parisiens, romancier, poète, dramaturge. On l'avait appelé le Prince de Saint-Germain-des-Prés. Presque toute sa vie, il a souffert d'une maladie de cœur, il est mort en 1959 à l'âge de 39 ans.

—Mais tu sembles placer tout cela dans le passé?

—Il faut l'avouer, une jeunesse dorée turbulente s'est, depuis quelques années, emparée[7] de ces lieux où, il y a vingt ans, se discutaient les idées des philosophes, où résonnaient des poèmes chantés par de vrais poètes.

—Soit. Il y a vingt ans. Mais devant nous, il y a l'éternité. D'autres poètes, d'autres chansonniers, d'autres philosophes viendront. N'oublie pas cette continuité dont tu m'as parlé. La vieille église est toujours là. Autour d'elle la vie intellectuelle ne manquera pas de continuer.

---

[7] s'est emparée: a pris possession.

COMMENTAIRES

L'Église

L'église de Saint-Germain-des-Prés est si vieille qu'on a dû la restaurer plusieurs fois. Sa tour et sa nef, cependant, remontent à l'époque romane du XIIe siècle. Déjà au VIIIe siècle, il y avait au même endroit une église faisant partie d'une puissante abbaye bénédictine. Cet ordre monastique était très important au Moyen Age. Il a donné 24 papes à l'Église catholique. L'abbé de Saint-Germain-des-Prés était un véritable souverain qui régnait sur tout un quartier de Paris. Il n'était soumis qu'à l'autorité du pape.

Jean-Paul Sartre (1905-   )

Sartre est probablement l'écrivain français le plus célèbre de l'époque actuelle[1]. Son influence sur la jeunesse a été profonde. Comme littérateur, il est surtout connu en Amérique pour son roman *Les Chemins de la Liberté* et sa pièce *Les Mains Sales*.

Poètes et Chansonniers

Presque tous les poètes et chansonniers de la «belle époque» de Saint-Germain-des-Prés (1945–1950) ont été influencés par la musique de jazz américaine. Le plus original d'entre eux était Boris Vian. Le poète Jacques Prévert, en apprenant qu'll était mort d'une longue maladie de cœur, a écrit un poème dont nous citons ici les derniers vers.

On disait de lui qu'il n'en faisait qu'à sa tête[2]
On avait beau dire[3]
Il en faisait surtout à son cœur[4]
Et son cœur lui en fit voir de toutes les couleurs
Son cœur révélateur

---

[1] actuelle: présente.
[2] il était très indépendant.
[3] On avait beau dire: Malgré ce qu'on disait.
[4] il agissait surtout selon son cœur.

Il savait trop vivre
Il riait trop vrai
Il vivait trop fort
Son cœur l'a battu
Alors, il s'est tu[5]
Et il a quitté son amour
Il a quitté ses amis
Mais ne leur a pas faussé compagnie[6].

JACQUES PRÉVERT

QUESTIONS

1. Qu'est-ce qui distingue l'architecture de Saint-Germain-des-Prés?
2. Qu'est-ce que Peter pense de cette architecture?
3. Quels contrastes peut-on observer dans ce quartier?
4. Quels sont les cafés littéraires les plus importants de ce quartier?
5. Que faisait «l'illustre inconnu»?
6. Sartre, a-t-il joué un rôle important lors de «la belle époque»?
7. Quels autres poètes et chansonniers étaient populaires à la même époque?
8. Qui a-t-on appelé «le prince de Saint-Germain-des-Prés»? Pourquoi?
9. Pourquoi Jean regrette-t-il cette «belle époque»?
10. Qu'en pense Peter?
11. Au Moyen Age, l'abbé de Saint-Germain-des-Prés était-il un personnage très important?
12. Mentionnez quelques œuvres de Jean-Paul Sartre.
13. Par quoi les poètes et les chansonniers ont-ils été influencés?
14. Qu'est-ce qui était remarquable chez Vian?
15. Selon Prévert, de quoi Vian est-il mort?

---

[5] tu (*p.p. de* taire).
[6] il vit dans leur mémoire.

11

Montmartre

LE LAPIN A GILL[1]

Au flanc du coteau[2] de Montmartre
Il est un cabaret blotti[3]
Comme un oisillon tout petit
Qu'au creux du sillon lève[4] un pâtre.

. . . .

Où sont les fantasques rapins[5]
Et les poètes sans famille
Où sont les truands[6] et les filles
Du cabaret des assassins?

. . . .

Dans ton giron[7], Lapin agile
Sont nés Dorgelès et Carco
Max Jacob, Orlan, Picasso[8]
Où sont-ils . . .? Qu'en a fait la ville?

LUCIEN BOY

---

[1] Jeu de mot: à Gill (le propriétaire) et agile. Ce cabaret s'est aussi appelé «Ma campagne» et «Cabaret des assassins».
[2] coteau: colline, mont.
[3] blotti: caché.
[4] lève: fait sortir.
[5] rapins: pauvres peintres.
[6] truands: vagabonds.
[7] giron: milieu.
[8] Tous les six ont connu le succès. Orlan = Mac Orlan.

—Rue des Vignes! A Montmartre? Je voudrais bien que tu me montres ces vignes, en plein Paris.

J'avouai que cela n'était guère possible, mais que pourtant ce n'était pas là un trait de l'humour montmartrois.

—Au XIXe siècle, lui dis-je, tout un côté de la butte était encore planté de vignes. On y voyait aussi des champs de blé et des moulins à vent. Montmartre était une commune indépendante, qui n'a fait partie de la Ville de Paris qu'en 1860. La vie y a bien changé, c'est vrai; surtout depuis l'érection de la basilique. L'histoire de celle-ci est fort intéressante. Après la défaite de la France et la perte de l'Alsace et de la Lorraine, en 1871, les catholiques français voulurent[9] qu'on élève cette église consacrée au Sacré-Cœur comme un témoignage[10] de contrition et aussi comme une manifestation d'espoir. L'Assemblée Nationale déclara cette construction d'utilité publique. C'est donc, un peu comme les cathédrales du Moyen Age, une œuvre à laquelle tout un peuple a participé.

—L'architecture de ce monument est bien différente de celle des autres églises parisiennes, dit Peter.

—C'est vrai. D'ailleurs cette église, avec son dôme et ses coupoles, ne plaît pas à tout le monde. Mais sa silhouette blanche fait partie du paysage parisien autant que la Tour Eiffel.

—Est-ce encore un endroit de pèlerinage?

—Plus ou moins. Mais beaucoup de touristes viennent ici pour admirer la vue magnifique qu'on a de la terrasse. Viens donc voir!

Nous nous trouvions à cent mètres au-dessus du niveau de la Seine et toute la ville s'étendait devant nos yeux.

—Regarde! Au bas de ce long escalier tu vois Pigalle, la cité des plaisirs, des «boîtes de nuit», du «Moulin Rouge,» d'une foire perpétuelle. Ce genre de spectacle peut se trouver dans presque toutes les capitales. La nuit, cela brille et fait grand bruit. Le jour, c'est sale et triste.

—Cela ne peut intéresser qu'un sociologue, dit Peter.

---

[9] voulurent (*p.s. de* vouloir).
[10] témoignage: preuve.

—Tu as raison. C'est l'attitude la moins déprimante qu'on puisse avoir à ce sujet.

—Mais ici, sur la butte, dit Peter, on trouve aussi de nombreux cabarets.

5 —Ce n'est pas pareil. Les théâtres de chansonniers restent des endroits où l'on rit. Sur des airs à la mode, dans des couplets satiriques, les artistes nous amusent en exprimant parfois des vérités assez gênantes[11]. Le public aime ça. Il entend exprimé tout haut ce qu'il pense souvent tout bas. Mais la bonne humeur 10 règne. Le théâtre montmartrois est un reflet de l'humour parisien.

—C'est bien dommage qu'il soit trop tôt pour aller assister à un de ces spectacles.

—Si tu veux, nous pourrons y venir ce soir. En attendant, je veux que tu connaisses le vrai Montmartre.

15 J'emmenai donc mon ami dans les rues étroites, les ruelles, à l'écart de la Place du Tertre[12]. On y découvre de petites maisons amoureusement entretenues, avec un jardinet devant et des fleurs aux fenêtres. On y trouve un calme étonnant: des gens qui passent lentement, des chiens amicaux, un agent de police qui semble bien 20 se promener sans savoir où aller.

—Mais c'est le domaine d'Utrillo! dit Peter. J'ai toujours voulu voir dans la réalité ce qui me charme dans ses tableaux.

—Oui, c'est bien cela! Je suis ravi que tu t'y plaises. Ce soir, je te mènerai au théâtre des Deux Ânes. Cela te fera sans doute 25 penser à l'art de Toulouse-Lautrec.

---

[11] gênantes: embarrassantes.
[12] Petite place publique **pittoresque, souvent pleine de touristes.**

COMMENTAIRES

La butte Montmartre

Le nom Montmartre est une corruption de Mont de Mercure (Mons Mercurii), mais la légende veut qu'il provienne de Mont des Martyrs (Mons Martyrum) et que la butte soit l'endroit où Saint-Denis, premier évêque de Paris, fut décapité[1] en l'an 272.

Montmartre fut longtemps une commune indépendante; elle joua un rôle tragique dans l'insurrection de 1871. La victoire des Prussiens et les conditions de paix acceptées par Thiers, chef du gouvernement français, avaient mis fin au siège de Paris, mais avaient mécontenté le peuple, qui aurait voulu continuer la guerre. Il se révolta et la ville fut assiégée et finalement prise d'assaut par l'armée française régulière. Cette lutte fratricide sanglante fut particulièrement féroce à Montmartre. Elle prit fin parmi les tombes du célèbre cimetière du Père-Lachaise ou les derniers insurgés s'étaient réfugiés, le 27 mai 1871. Le lendemain, 147 prisonniers furent fusillés contre le mur d'enceinte[2] du cimetière. Ce mur est encore l'objet de pèlerinages et de manifestations politiques par les partis de gauche (socialiste et communiste).

Cabarets

Les chansonniers montmartrois continuent une tradition presque centenaire. La «belle époque» se place à la fin du siècle dernier. Le Chat Noir était alors un cabaret célèbre dans le monde entier. Ses murs étaient peints par Adolphe Willette, son chansonnier le plus réputé était Aristide Bruant, des auteurs dramatiques tels que Alfred Capus et Maurice Donnay y faisaient leurs débuts. Tous manifestaient le même esprit gaulois, légèrement satirique.

Le même esprit règne encore dans les cabarets d'aujourd'hui, mais ce genre de spectacle s'est répandu dans d'autres quartiers de Paris, particulièrement à Montparnasse et à Saint-Germain-des-Prés.

80

[1] fut décapité: eut la tête coupée.
[2] d'enceinte: qui entoure.

Utrillo (1883-1955)

Le peintre Maurice Utrillo s'est attaché aux paysages de la Butte, non pas à la vie nocturne et bruyante, mais aux petites rues et aux simples gens du vieux Montmartre, qui restent presque immuables.

Toulouse-Lautrec (1864-1901)

Ce dessinateur et peintre, au talent vigoureux et parfois un peu cruel, nous a laissé des tableaux remarquables de scènes et de personnages de cirque et de music-hall montmartrois. C'est grâce à son talent que le Moulin-Rouge, aujourd'hui bal et cinéma, est resté célèbre.

QUESTIONS

1. A quoi le poète compare-t-il le cabaret?
2. Selon le poète, quelles sortes de clients fréquentaient ce cabaret?
3. Quel grand peintre y venait souvent?
4. Décrivez Montmartre avant 1860.
5. Pourquoi a-t-on érigé la basilique du Sacré-Cœur?
6. Qu'est-ce qui attire surtout les touristes à Montmartre?
7. Que trouve-t-on à Pigalle?
8. En quoi consiste l'originalité des cabarets montmartrois?
9. Décrivez les petites rues de Montmartre.
10. Pourquoi Peter a-t-il pensé à Utrillo?
11. Quelle légende entoure le nom de Montmartre?
12. Qu'est-il arrivé en 1871?
13. Quelle a été l'importance du Chat Noir?
14. Trouve-t-on aujourd'hui le même esprit gaulois dans d'autres quartiers de Paris?
15. Quels étaient les sujets favoris de Toulouse-Lautrec?

12 Musées de Paris

VÉNUS DE MILÓ[1]

Marbre sacré, vêtu de force et de génie,
Déesse irrésistible au port[2] victorieux,
Pure comme un éclair et comme une harmonie,
Ô Vénus, ô beauté, blanche mère des Dieux!

Du bonheur impassible ô symbole adorable,
Calme comme la Mer en sa sérénité,
Nul sanglot[3] n'a brisé ton sein[4] inaltérable,
Jamais les pleurs humains n'ont terni ta beauté.

Salut! A ton aspect le cœur se précipite[5].
Un flot marmoréen[6] inonde tes pieds blancs;
Tu marches, fière et nue, et le monde palpite,
Et le monde est à toi, Déesse aux larges flancs!

. . . .

Allume dans mon sein la sublime étincelle,
N'enferme point ma gloire au tombeau soucieux;
Et fais que ma pensée en rythmes d'or ruisselle[7],
Comme un divin métal au moule harmonieux.

LECONTE DE LISLE

---

[1] Cette célèbre statue, la Venus des Romains, l'Aphrodite des Grecs, déesse de l'amour et de la beauté, fut découverte en 1820, dans l'île de Melos, par un diplomate français, le comte de Marcellus. Elle est au Musée du Louvre, à Paris.
[2] port: maintien, air.
[3] sanglot: *sob.*
[4] sein: poitrine, cœur.
[5] se précipite: bat plus fort.
[6] marmoréen: de marbre.
[7] ruisselle: coule sans arrêt.

Les musées de Paris attirent des visiteurs du monde entier, amateurs d'arts, ou curieux. Dans les alentours[8] immédiats des grands musées on peut entendre parler les langues des cinq continents.

5   —On prétend[9] que le Parisien n'est jamais monté au haut de la Tour Eiffel et qu'il n'a jamais visité le Louvre, me dit Peter.

    —C'est malheureusement exact dans bien des cas et vraiment déplorable en ce qui concerne le Louvre, répondis-je. Je n'étais jamais monté au haut de la Tour Eiffel avant ton arrivée, et c'est 10 seulement pour t'y accompagner que j'en ai fait l'ascension. Mais pour le Louvre, je l'ai visité bien des[10] fois et certains de ses pavillons me sont même très familiers.

---

8 alentours : environs.
9 prétend : assure.
10 bien des : beaucoup de.

Notre visite du Louvre ne fut pas systématique. Pendant le séjour de Peter, nous consacrâmes certaines matinées à visiter les différents pavillons. Chaque fois, nous limitions notre curiosité à un sujet précis. Nous évitions aussi la visite-marathon, caracté-
5 ristique du touriste pressé.

Le Louvre est une véritable encyclopédie d'art et d'histoire. Nous nous y étions rendus plus de dix fois et Peter ne savait comment résumer son admiration. Il avait été d'abord un peu déçu par la galerie la plus célèbre, celle qui renferme en particulier la
10 fameuse «Joconde»[11] de Léonard de Vinci. Il avait trouvé ce tableau petit, mal encadré, mal éclairé. Par la suite, nous ne faisions que traverser cette galerie pour nous rendre aux autres salles du palais. Cependant, chaque fois, Peter faisait une courte halte devant le célèbre tableau. Un matin, il demeura un peu plus longtemps en
15 face du «Sourire».

—Je comprends maintenant, dit-il enfin, la qualité de cette œuvre; elle est envoûtante[12].

La salle contenant des bustes de la fin de l'Empire de Rome nous retint particulièrement et nous amena à acheter un livre
20 traitant de cette période de l'histoire qui nous intéressait beaucoup. Celle-ci est éclairée ici par des sculptures en marbre, surtout des bustes qui semblent exprimer les raisons mêmes de la chute de l'Empire romain.

—Ces derniers empereurs et leurs familiers[13] montrent les
25 traits mêmes de la décadence, remarqua mon ami.

—Cet art lui-même est décadent, dis-je.

—L'art et la matière, ajouta Peter. Regarde comme ce marbre rose et blanc manque de pureté quand on le compare à celui des sculptures de l'époque de César, par exemple.
30 —Quel contraste aussi avec la Victoire de Samothrace[14]! L'art grec est là à son apogée, dis-je.

---

[11] la Joconde, «Mona Lisa», dont le sourire est célèbre.
[12] envoûtante: fascinante; *lit*: qui a une influence magique.
[13] familiers: amis intimes.
[14] Célèbre statue grecque de 305 avant J.-C. qui célèbre une victoire navale. Elle fut découverte en 1863.

—Oui, dit Peter, cette statue mutilée, sans tête ni bras, exprime un mouvement, une force, une vie intenses. As-tu remarqué les plis de la robe? C'est d'un art extraordinaire.

—Depuis mon enfance, dis-je, cette statue me passionne[15], en fait, depuis que je l'ai vue reproduite dans mon manuel d'histoire lorsque j'avais dix ans.

Le pavillon consacré à l'art égyptien aussi se révéla passionnant. Mais nous abandonnâmes le Louvre pour nous rendre à la salle du Jeu de Paume, où l'on a logé le musée des Impressionnistes[16]. Cette école, qui a fleuri dans la deuxième moitié du XIXe siècle, a donné des peintres célèbres: Monet, Corot, Renoir, Pissarro, Sisley, Degas, Van Gogh, Gauguin et bien d'autres encore. Mais le musée présente aussi les œuvres d'artistes qui se distinguent de cette école. On y trouve, par exemple, une salle consacrée à Cézanne qui, tout en se servant des mêmes moyens que les impressionnistes, exprime dans ses tableaux l'exaltation de ses propres sentiments.

Peter aimait particulièrement ce grand peintre. Il allait d'un tableau à l'autre, observant leurs particularités, revenant sur ses pas pour revoir certains détails avant de continuer notre visite. Ce soir-là, il me parlait encore de «La Maison du pendu» et des «Joueurs de Cartes»[17].

Il existe à Paris beaucoup d'autres musées qui, pour la plupart, sont consacrés à la peinture et à la sculpture. Pour faire diversion, j'ai emmené Peter au Musée de l'Homme qui est installé dans une aile du Palais de Chaillot.

—De quoi s'agit-il donc? demanda mon ami.

—Tu verras, dis-je. Ce musée offre une vaste synthèse des sciences humaines, surtout de l'anthropologie et de l'ethnographie. C'est un musée scientifique, mais destiné à l'initiation du grand public.

Notre visite enthousiasma Peter.

---

[15] passionne: intéresse énormément.
[16] Ce musée se trouve aux Tuileries. Le bâtiment avait logé un jeu de paume, sport favori dès le XVe siècle. C'est l'ancêtre de notre tennis. On lançait la balle à main nue.
[17] Deux tableaux de Cézanne.

—C'est merveilleux, dit-il. En quelques heures on semble avoir fait le tour du monde. Ce qui me frappe, c'est que l'histoire de l'homme rejoint le quotidien[18]; car ce que nous venons de voir des civilisations primitives, nous le retrouvons chez des tribus qui vivent et se développent aujourd'hui en différents points du globe.

—Et quel musée veux-tu visiter demain?

—Un musée en plein air, répondit mon ami. Tous ces musées renferment des trésors, mais Paris même est un vaste musée d'histoire ancienne et contemporaine, avec ses monuments commémoratifs et ses places qui ont entendu, au cours des siècles, le peuple chanter sa joie ou crier sa colère. Quand on contemple les ponts, les palais, les jardins de Paris, on peut se croire dans le plus beau musée du monde.

---

[18] le quotidien: ce qui existe aussi aujourd'hui.

COMMENTAIRES

Quelques musées parisiens

Les musées ne manquent pas à Paris. Si l'on s'intéresse à l'histoire militaire de la France, le MUSÉE DE L'ARMÉE et le MUSÉE DE LA MARINE offrent toutes espèces de documents et de souvenirs ayant rapport aux grands événements et aux grands hommes de chaque éqoque.

Le MUSÉE CARNAVALET s'adresse aux amateurs d'art asiatique, non seulement de l'Inde, de la Chine et du Japon, mais aussi de l'Indochine, du Tibet, de l'Afghanistan.

Les anciennes colonies françaises ont permis de rassembler des collections artistiques fort intéressantes, qui se trouvent au MUSÉE DES ARTS AFRICAINS ET OCÉANIENS.

Le MUSÉE DES ARTS DÉCORATIFS présente l'évolution du goût et des styles depuis la période gothique jusqu'à nos jours. On y organise aussi souvent des expositions spéciales qui font connaître les innovations récentes dans l'art décoratif français.

L'art moderne du XXe siècle—peinture et sculpture—se trouve représenté dans deux musées qu'on a logés ensemble dans un grand palais du quartier de Chaillot. Ce sont : le MUSÉE D'ART MODERNE de la ville de Paris et le MUSÉE NATIONAL D'ART MODERNE. On y trouve entre autres des œuvres des sculpteurs Despiau et Maillol et de leurs successeurs, puis des tableaux de Vlaminck, de Dufy, de Rouault, de Braque, de Léger, etc. Des œuvres nouvelles viennent naturellement s'ajouter d'année en année.

Le MUSÉE DE CLUNY est un des plus intéressants. Il est logé dans un vieil hôtel médiéval et comprend d'incomparables collections. Treize salles sont consacrées à l'art et aux métiers[1] du Moyen Age. Elles permettent vraiment de reconstituer la vie des gens de cette époque.

Ajoutons que le grand sculpteur Rodin a son musée et il en est de même de Balzac et de Victor Hugo.

Visiter tous ces musées exigerait naturellement de nombreuses journées. Leur grand nombre et leur variété permettent à l'étranger qui vient à Paris de choisir selon son intérêt et son goût particulier.

---

[1] métiers : arts, industries.

QUESTIONS

1. Dans les deux premières strophes du poème, qu'est-ce que le poète admire surtout?
2. Quel espoir exprime-t-il dans la dernière strophe?
3. Que peut-on entendre quand on visite un musée de Paris?
4. Comment les deux amis ont-ils organisé leur visite du Louvre?
5. Quelle première impression Peter a-t-il eue devant la Joconde?
6. A-t-il changé d'avis plus tard?
7. Avec quelle statue célèbre ont-ils comparé les bustes de la fin de l'empire romain?
8. Comment Peter décrit-il cette statue?
9. Nommez quelques peintres de l'école impressionniste.
10. Qui est Cézanne?
11. Que trouve-t-on au Musée de l'Homme?
12. Pourquoi Peter peut-il dire que la ville de Paris est elle-même un musée?
13. Qu'est-ce que le Musée des Arts Décoratifs présente?
14. Nommez quelques peintres et quelques sculpteurs dont les œuvres sont exposées au Musée d'Art Moderne.
15. Pourquoi le Musée de Cluny est-il particulièrement intéressant? ✓

16. Mona Lisa en fr?
17. Qui était Rodin
18. Diamètre du Tennis?
    Le jeu de Paume
19. Rochet, Boralo, la
    carte 3 mousquetaires Bruger

13

Églises

NOTRE-DAME DE PARIS

Notre-Dame est bien vieille : on la verra peut-être
Enterrer cependant Paris qu'elle a vu naître ;
Mais, dans quelque mille ans, le Temps fera broncher[1]
Comme un loup fait un bœuf, cette carcasse lourde,
Tordra ses nerfs de fer, et puis d'une dent sourde[2]
Rongera[3] tristement ses vieux os de rocher !

Bien des hommes, de tous les pays de la terre
Viendront, pour contempler cette ruine austère,
Rêveurs, et relisant le livre de Victor[4] ;
—Alors ils croiront voir la vieille basilique,
Toute ainsi qu'elle était, puissante et magnifique,
Se lever devant eux comme l'ombre d'un mort !

GÉRARD DE NERVAL

---

[1] broncher: faiblir, tomber.
[2] sourde: (ici) inexorable.
[3] rongera: mangera, détruira.
[4] de Victor Hugo: *Notre-Dame de Paris.*

90

Notre-Dame de Paris fascinait Peter. Pendant son séjour dans la capitale, il s'y rendait souvent seul, comme à la recherche de quelque chose de mystérieux. Vint[5] le jour où il me donna des éclaircissements.

5   —J'ai lu le roman de Victor Hugo, *Notre-Dame de Paris*, me dit-il, et j'ai besoin de me trouver seul sous ces voûtes grandioses pour que l'impression laissée par le livre prenne une forme concrète et soit plus vivante. Sais-tu que la description de Victor Hugo est tellement précise que j'ai eu l'impression lors de[6] ma première
10 visite, de retrouver des lieux qui m'étaient familiers.

Dans une soirée littéraire à laquelle nous avions été conviés[7], un poème retint tout particulièrement l'attention de Peter, et le lendemain il voulut trouver en librairie le recueil[8] contenant ce poème. L'auteur en était Anne Sylvestre. En voici quelques vers.

---

[5] vint (*p.s. de* venir).
[6] lors de: au moment de.
[7] conviés: invités.
[8] recueil: livre, collection.

Ô batisseur de cathédrales   *Flammes vives, tes ogives*[10]
D'il y a tellement d'années   *S'envolaient au ciel léger*
Tu créais avec des étoiles   *Et j'écoute sous tes voûtes*
Des vitraux hallucinés[9].   *L'écho de pas inchangés*[11].

Notre-Dame fut construite de 1163 à 1345; trois architectes se succédèrent à la direction de la première des cathédrales gothiques, mais combien de tailleurs de pierres, de maçons, d'artistes se sont transmis, au cours de près de deux siècles, le flambeau sacré qui devait animer leur ambition de parfaire[12] ce chef-d'œuvre?   5

—Je crois que c'est l'œuvre collective la plus fantastique et la plus réussie dont j'aie jamais entendu parler, dit Peter.

—Souvent on était, au Moyen Age, maçon, sculpteur, charpentier de père en fils, et cinq ou parfois six membres d'une même famille ont pu se succéder aux mêmes tâches.   10

—C'est à peine croyable, déclara Peter.

Tout près de la grande cathédrale se trouve la Sainte-Chapelle qui fut construite pour Saint Louis en moins de trente-trois mois— un record pour cette époque. La consécration eut lieu en 1248. C'est le fruit d'un art gothique plus élaboré. Ici la pierre se fait 15 dentelle et ménage[13] de grands espaces aux vitraux. C'est sa flèche qui attire l'attention du dehors, car il faut pénétrer dans le Palais de Justice pour découvrir le monument dans sa totalité. C'est ici que l'art du vitrail a reçu ses lettres de noblesse[14].

—Pourquoi avoir appelé cet art magnifique l'art gothique?   20

—Pour les écrivains de la Renaissance et les classiques, gothique était équivalent de barbare. Ils méprisaient le Moyen Age, qu'ils connaissaient d'ailleurs fort mal. On devrait appeler ce style ogival ou même français, car c'est en France que s'est développée cette architecture extraordinaire qui nous a donné entre autres les 25

---

[9] hallucinés: fantastiques.
[10] ogives: *gothic pointed arches.*
[11] inchangés: comme ceux des gens du Moyen Age.
[12] parfaire: compléter.
[13] ménage: réserve, laisse.
[14] lettres de noblesse: certificat de grand art.

célèbres cathédrales de Chartres, de Reims, de Bourges et qui s'est répandue dans l'Europe entière.

Il y a au moins 150 églises à Paris, dont quelques-unes sont très anciennes. Au cours de nos promenades, nous en avons visité plu-
5 sieurs, presque toujours cernées[15] par de vieilles maisons et comme perdues dans la grande ville. L'église la plus modeste offrait souvent un intérêt artistique réel. C'est ainsi que nous découvrîmes des tableaux de la Rennaissance ou des sculptures du Moyen Age gardés là par hasard, souvent après la destruction d'une église plus
10 ancienne. Parfois le curé venait vers nous pour expliquer l'origine d'une œuvre d'art ou pour nous faire un court exposé historique— chaque fois avec beaucoup de gentillesse et aussi de fierté pour «sa» petite église.

—C'est ainsi qu'on peut plonger dans l'histoire intime de
15 Paris, remarqua Peter. Ces petites églises sont comme un livre ouvert sur le passé, et ceux qui sont curieux d'histoire, y trouvent des renseignements sans fin.

—Je dois t'avouer, lui dis-je, que tu m'as transmis ta grande curiosité pour les vieilles choses.

20 —Vous êtes trop gâtés. Aux États-Unis, il nous manque cette présence d'un très long passé. C'est peut-être ce qui me pousse à le rechercher à Paris où je sais qu'il rôde[16] un peu partout.

Sur le parvis[17] de Notre-Dame, on donna, un soir de Juillet, le *Mystère de la Passion*[18]. Nous nous y rendîmes. Lorsque la nuit fut
25 tout à fait noire, le spectacle commença. Notre-Dame, éclairée par la base, ressemblait étrangement aux dessins que Victor Hugo en avait fait. Un à un, des personnages, qui semblaient sortir du Moyen Age, contribuèrent à nous transporter dans une autre époque, celle où la cathédrale était le centre de la vie de la cité,
30 le point de ralliement de tout un peuple fervent. Ce peuple y

---

[15] cernées: entourées, encerclées.
[16] rôde: se promène, existe.
[17] parvis: place située devant une église.
[18] Le *mystère* du Moyen Age le plus célèbre est celui de Bréban, si long qu'il fallait plusieurs journées pour le jouer. On en a tiré une pièce modernisée qu'on joue de temps en temps sur le parvis de la Cathédrale.

faisait son éducation religieuse, il y apprenait l'Histoire Sainte, sur des bancs de bois comme ceux où nous étions assis ce soir-là; ou, à même le sol,[19] il suivait l'action des « mystères. » On raconte que bien des fois, Judas, ou plutôt l'acteur qui interprêtait ce rôle, aurait été mis à mal[20] par la foule après le spectacle. Ce soir-là, la 5 grandeur et la candeur de ce spectacle nous transporta[21]. La beauté et l'efficacité des mystères avaient encore une fois fait leurs preuves.

—Le peuple de Paris est-il vraiment très pieux? demanda Peter.

—Voilà une question à laquelle il n'est pas facile de répondre. 10 La grande majorité des Français est, comme tu le sais, catholique. Presque tous ont été baptisés. Plus tard il se sont mariés à l'église et il est probable qu'ils seront enterrés religieusement. Mais, au cours de leur vie, ils se désintéressent souvent des obligations religieuses. C'est surtout vrai à Paris. Tandis que la bourgeoisie 15 reste liée à la tradition catholique, le peuple a tendance à s'en écarter[22]. Il faut ajouter cependant que l'église traverse aujourd'hui une période de transformations qui la rapprochent des ouvriers. Il en résulte une vie nouvelle dans ces églises que nous avons visitées.

---

[19] à même le sol: assis par terre.
[20] mis à mal: attaqué, battu.
[21] transporta: enthousiasma.
[22] s'en écarter: s'en éloigner.

ÉGLISE DE LA MADELEINE

COMMENTAIRES

Quelques renseignements

Il existe à Paris 170 églises du culte catholique romain, dont 20 pour étrangers; 21 églises du culte catholique orthodoxe, toutes pour étrangers (Grecs, Russes, Roumains); 52 temples protestants, dont 11 pour étrangers; 20 synagogues; 1 mosquée islamique.

Ces proportions donneraient une image très erronée si on voulait les appliquer au pays tout entier.

On estime que 80% des Français sont baptisés dans la religion catholique et qu'il reste un conformisme d'habitudes, qui pousse même ceux qui se sont éloignés de toute pratique religieuse à se marier à l'église, à envoyer leurs enfants au cathéchisme, à se faire enterrer religieusement.

D'autre part, les pratiques religieuses régulières varient beaucoup selon les régions. En Alsace, par exemple, 60% assistent à la messe dominicale; mais dans les villes de France la proportion varie entre 16 et 28%, et dans certaines régions elle tombe même à 5%.

Ce qui semble bien établi aujourd'hui, c'est que la lutte politique anti-cléricale, qui a sévi au début du XXᵉ siècle, s'est presque éteinte et que les Français, dans le domaine spirituel, jouissent d'une entière liberté.

QUESTIONS

1. Selon le poète, qu'est-ce qui sera probablement arrivé dans mille ans?
2. Comment les gens de cette époque pourront-ils s'imaginer la Cathédrale?
3. Qu'est-ce que Peter cherche à retrouver en visitant Notre-Dame?
4. Qu'est-ce que Anne Sylvestre note surtout dans ses vers?
5. Pourquoi Peter appelle-t-il la cathédrale une œuvre collective fantastique?
6. Pourquoi a-t-on appelé gothique l'architecture ogivale du Moyen Age?
7. Que trouve-t-on souvent dans de petites églises de Paris?
8. Pourquoi Peter dit-il que les Français sont gâtés?
9. Qu'est-ce que c'est que le Mystère de la Passion?
10. Quel rôle l'église jouait-elle dans une ville du Moyen Age?
11. Y avait-il quelque danger à jouer le rôle de Judas?
12. Quelles transformations peut-on remarquer aujourd'hui dans l'Église catholique?
13. En quoi consiste le conformisme de beaucoup de Français?
14. Est-ce que les querelles du début du XXᵉ siècle existent encore?

14

Rues

LES MATINS DE PARIS

. . . .

Carrousel des autos recommençant leur ronde . . .
Le petit bar s'anime et rit dans[1] ses étains[2].
Le garçon bâille, et rêve en rangeant ses bottins[3] . . .
Les brouillards de la nuit dans l'air nouveau se fondent.

. . . .

Voici que le marché vient occuper la rue.
Ô clameurs saluant la lumière apparue,
Et, là-haut, ces clochers festonnant[4] le ciel pur . . .

Concorde, Châtelet, métro, métro Bastille[5] . . .
Et la Seine est par là qui flirte avec l'azur.
Un dernier songe rôde[6] aux prunelles[7] des filles . . .

GEORGES RIGUET

ÎLE SAINT-LOUIS

. . . .

Vieux Hôtels et vieilles cours,
Au fil[8] des ans, au fil des jours,
Une à une vont les semaines,
Usant vos pierres peu à peu,
Et passant les heures sereines,
Passe le Temps,
Passe le Vent . . .
Passe la Seine,
Laissant à la garde de Dieu,
L'Île qui rêve en son milieu.

CAMILLE VILAIN

---

[1] dans: parmi.
[2] étains: vases, pots, gobelets en étain (*pewter*).
[3] bottins: annuaires postaux, commerciaux (*directories*).
[4] festonnant: dessinant des festons (ornements en pointe).
[5] Places et stations du métro.
[6] rôde: *lingers.*
[7] prunelles: yeux.
[8] Au fil: Tout au long.

Nous avions la liste alphabétique des rues de Paris, avec un index nous permettant de les repérer[9] sur un plan de la ville.

—Les noms de beaucoup de ces rues, dit Peter, rappellent souvent des époques, des événements et surtout des personnages de l'histoire de Paris.

—Oui, ou de l'histoire du pays Certains de ces noms évoquent le Moyen Age et la vie intime de la capitale à cette époque; la rue du Four[10], par exemple, où on allait faire cuire son pain. Parfois aussi, le nom décrit la rue elle-même; c'est le cas de la rue Serpente. Mais les noms les plus caractéristiques de cette période sont ceux de nombreuses corporations, aujourd'hui disparues. Ces corporations jouaient un rôle très important; chacune occupait souvent toute une rue et nous avons encore la rue des Drapiers, celle des Tapissiers, et le quai des Orfèvres.

—Y trouve-t-on encore des maisons que ces artisans occupaient?

—C'est bien rare. Pourtant, on remarque encore parfois une de ces vieilles habitations dont le premier étage ou le toit surplombe[11] la rue. Balzac, dans un de ses romans, a fait la description d'une de celles-ci. «Au milieu de la rue Saint-Denis, écrit-il, existait naguère[12] une de ces maisons précieuses, qui donnent aux historiens la facilité de reconstruire, par analogie, l'ancien Paris... Ce vénérable édifice était surmonté d'un toit triangulaire dont aucun modèle ne se verra bientôt plus à Paris. Cette couverture, tordue par les intempéries[13] du climat parisien, s'avançait de trois pieds sur la rue».

—Mais cela pouvait être dangereux pour les passants.

—Cela pouvait être fort désagréable certainement, car il n'était pas impossible que le passant reçoive sur la tête le contenu malodorant d'un seau ou d'un pot.

---

[9] repérer: trouver, découvrir.
[10] four: *oven.*
[11] surplombe: s'avance au-dessus de.
[12] naguère: il n'y a pas très longtemps.
[13] intempéries: mauvais temps.

—Cela explique aussi pourquoi les rues étaient si sales à cette époque.

—Oui, il est heureux que l'architecture ait fait des progrès.

—Reste-t-il beaucoup de rues dont les maisons datent de la
5 Renaissance et de la période classique?

—Pas beaucoup de rues, mais des monuments, des hôtels particuliers et quelques places. La Place des Vosges, ancienne Place Royale, par exemple, a gardé un admirable ensemble de maisons du XVIe siècle; et la Place Vendôme, que tu connais, est
10 entièrement de style classique.

—Paris a dû changer énormément au cours des deux derniers siècles?

—Comme toutes les grandes villes; mais le Paris moderne, avec ses grandes avenues bordées d'arbres, est l'œuvre d'un préfet
15 de Napoléon III, le baron Haussmann. Celui-ci voulait sans doute embellir et moderniser la capitale, mais il voulait aussi empêcher les mouvements révolutionnaires et les barricades. De larges avenues permettent en effet aux services d'ordre et, au besoin, à l'armée d'intervenir en cas d'insurrection.

20 —C'est vrai. Il serait plus facile de défendre des barricades dans des rues étroites et tortueuses. Mais, revenons à nos moutons[14], aux noms qu'on donne aux rues de Paris.

—Eh bien! On pourrait peut-être faire un cours de civilisation française en les lisant.

25 —Voyons! Donne-moi quelques exemples. Prenons d'abord l'histoire.

—Eh bien! Au hasard; la rue Charlemagne, la place Jeanne d'Arc, la place François Ier, le square Henri IV, le pont Sully, la rue Richelieu, la place des Victoires avec la statue de Louis XIV,
30 la . . .

—Arrête! arrête! Tu en es encore au XVIIe siècle. Voyons les écrivains.

---

14 «revenons à nos moutons»: expression qui date d'une comédie du XVe siècle, *la Farce de Maître Pathelin*, et qui est restée populaire: revenons au sujet qui nous occupe.

—Toujours au hasard; la rue Villon, l'avenue Montaigne, la rue Molière, la rue Racine, le boulevard Voltaire, le pont Mirabeau, la rue Bonaparte, l'avenue Victor Hugo, la . . .

—Une fois de plus, arrête-toi. A-t-on pensé aussi aux artistes, aux musiciens?

—Naturellement! Et aussi aux philosophes, aux savants. Descartes, Jean-Jacques Rousseau, Henri Bergson ont leur rue; Bizet, Berlioz, Debussy aussi. Favart également.

—Écoute! Je reconnaissais bien les noms de célébrités de l'histoire; mais qui donc est ce Favart?

—Voilà où je t'attendais. Favart a écrit des vaudevilles[15] qu'on ne lit et qu'on ne joue plus. Il a été très populaire au XVIIIᵉ siècle; il ne l'est plus; mais une rue porte son nom et les gens qui y passent veulent qu'on leur dise pourquoi. Pense donc aussi aux acteurs qui ont été célèbres et dont on ne parle plus. Dullin, il y a cinquante ans et Jouvet, il y a quelques années, ont révolutionné le théâtre. Dans cent ans d'ici, ou bien avant, on ne parlera probablement plus guère d'eux. Mais on a donné leur nom à deux places de Paris; il y a une place Charles-Dullin à Montmartre et, près de l'Opéra, un square Louis Jouvet.

—J'ai compris. Ces noms de rues peuvent conférer une certaine immortalité.

---

[15] vaudevilles: comédies légères ou opérettes.

COMMENTAIRES

Paris ne s'est pas développé comme une ville américaine. On y trouve, il est vrai, des quartiers très modernes qui ressemblent aux quartiers résidentiels de Detroit ou d'Atlanta. On y trouve également de grandes avenues bordées de beaux arbres. Mais la ville est faite surtout d'un énorme enchevêtrement de rues étroites et souvent tortueuses.

Les maisons de six étages, qu'on y trouve le plus souvent, ont été construites il y a au moins cent ans. Elles manquent souvent de confort parce qu'il n'est pas toujours possible de les moderniser. Comme la population grandit d'année en année, les habitations ne sont plus assez nombreuses. On construit beaucoup dans la périphérie, mais le problème du logement continue à être critique.

Naturellement, la circulation dans Paris est devenue extrêmement difficile, surtout aux heures de pointe. A la Place de l'Opéra, 50.000 voitures passent et se croisent tous les jours. On construit des passages et de grands garages souterrains. On va entourer la ville de boulevards périphériques. Mais les embouteillages sont plus fréquents que jamais. Il faudra sans doute encourager beaucoup de Parisiens à aller s'installer dans les environs de la capitale.

QUESTIONS

1. Que fait le garçon du bar tout au matin?
2. Que remarque-t-on dans le ciel pur?
3. Qu'est-ce que le poète chante à propos de l'Île Saint-Louis?
4. Pourquoi trouve-t-on des noms comme la rue des Drapiers ou le quai des Orfèvres?
5. Pourquoi Balzac s'intéressait-il à la vieille maison de la rue Saint-Denis?
6. Où, à Paris, peut-on trouver de bons exemples de l'architecture du XVIe et du XVIIe siècles?
7. Qui a fait percer les grandes avenues modernes?
8. Était-ce seulement pour embellir la capitale?
9. D'où provient l'expression: Revenons à nos moutons?
10. Selon Jean, que pourrait-on faire en lisant les noms des rues de Paris?
11. Donnez quelques exemples.
12. Qu'est-ce qu'un vaudeville?
13. Pourquoi y a-t-il une place Charles-Dullin et un square Louis Jouvet à Paris?
14. Que fait-on pour remédier aux difficultés de la circulation?
15. Quel sera peut-être le meilleur remède?

15

Circulation

PARIS

Paris! c'est l'esprit, c'est la grâce,
C'est un refrain, c'est un couplet;
C'est l'éternité sur l'espace,
C'est l'heure sur un bracelet;

. . . .

C'est le dernier métro qui gronde[1],
C'est le premier muguet fleuri,
C'est une cigarette blonde,
C'est un bateau mouche . . .
                Paris,

. . . .

Paris! ça tremble et ça respire,
C'est tout en fleur et tout en or;
C'est bleu, c'est blanc, c'est vert, c'est pire!
Paris! ah! mon Dieu! qu'est-ce encor?

ROSEMONDE GÉRARD

. . . .

 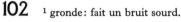

[1] gronde: fait un bruit sourd.

PARIS À CINQ HEURES DU SOIR

En tous lieux, la foule
Par torrents s'écoule ;
L'un court, l'autre roule[2] ;
Le jour baisse et fuit ;
Les affaires cessent,
Les dîners se pressent,
Les tables se dressent,
Il est bientôt nuit.

. . . .

DÉSAUGIERS

---

[2] roule : passe en auto.

EMBOUTEILLAGE

Ma petite voiture, qui avait déjà un certain âge, avait beaucoup amusé Peter le jour où il la vit pour la première fois. Sa taille[3], inhabituelle de l'autre côté de l'Atlantique, son moteur de puissance très réduite, la position des passagers très haute sur les sièges, la suspension trop dure, enfin tout était pour Peter prétexte à ré- 5 flexions amusées.

—Je n'aurais pas été surpris davantage par un engin venu de Mars ou d'une autre planète, me dit-il pour conclure.

Dès lors[4], je tins à prouver à Peter que, dans le cadre[5] de la circulation parisienne, j'avais entre les mains l'engin idéal. L'occa- 10 sion de notre première promenade se présenta à l'heure de pointe, l'heure où Paris tout entier est dans les rues. Je pris la décision de suivre les voies à grande circulation, celles où les embouteillages sont les plus spectaculaires. En quelques minutes, nous nous trouvâmes au centre d'une mer ou plutôt d'une planète peuplée 15 d'automobiles, animaux étranges, tous doués de[6] la parole grâce à leur moteur, et pourtant aucun n'ayant vraiment la même voix, aucun n'émettant les mêmes cris. Le bruit des klaxons, bien qu'inter- dit dans l'agglomération[7] parisienne, se faisait entendre comme une manifestation de mauvaise humeur due à l'immobilisme imposé 20 à un troupeau[8] trop vaste, pressé d'arriver, comme poussé par le même élan irréversible.

Nous étions engagés dans une voie qui semblait bouchée[9] et où nous ne pouvions que suivre la voiture qui nous précédait. Cela nécessitait beaucoup de patience. L'attente se faisait bien longue. 25 Pourtant, après un moment, la marche avait repris, très lente. Je réussis à placer ma voiture derrière un autobus qui sortait de sa station, je gagnai ainsi une centaine de mètres. Je passai ensuite entre ce même autobus et un gros camion. Nous avions passé si près de ce camion que Peter, qui avait son coude à la fenêtre, l'enleva 30

---

[3] taille: grandeur, dimension.
[4] Dès lors: (ici) en conséquence.
[5] le cadre: les conditions spéciales.
[6] doués de: possédant.
[7] agglomération: région.
[8] troupeau: multitude.
[9] bouchée: fermée.

précipitamment. J'atteignis[10] ainsi un carrefour et je pris sur la
droite pour chercher une petite rue moins passagère[11]. Je m'étais
lassé de ce genre de sport, dangereux pour la fragile carrosserie[12] de
ma voiture et que, de son coté, Peter ne semblait pas goûter par-
5 ticulièrement.

—Ta voiture se faufilerait[13] dans un trou d'aiguille, me dit-il
en s'efforçant de sourire, mais j'ai cru que ce camion allait nous
pulvériser.

Je trouvai par grand hasard un espace libre où garer[14] ma
10 voiture.

—Si nous[15] poursuivions en métro? demandai-je à Peter.

—Très volontiers, d'autant plus que de nombreux guides
touristiques signalent le métro comme un endroit intéressant à
visiter.

15 —Eh bien, allons-y.

Le Chemin de Fer Métropolitain de Paris, ou pour parler
plus communément, le métro, est le moyen de transport le plus
rapide et le plus pratique de la capitale. Le Parisien dit volontiers;
«J'habite à la Bastille», ce qui ne veut nullement dire que l'ancienne
20 prison-forteresse, détruite sous la Révolution, soit convertie en
immeuble d'habitation. L'habitude est prise de donner, après
l'adresse de son domicile, le nom de la station de métro la plus
proche pour s'y rendre: «Porte des Lilas», «Chateau de Vincennes»,
«Alma». Ceci est assez naturel; les stations portent toujours le
25 nom du monument le plus proche ou de l'artère principale où elles
se trouvent. Ainsi, connaître le plan du métro de Paris, c'est
connaître Paris. Et les nombreux visiteurs ne s'y trompent pas;
dès leur arrivée dans cette ville, ils s'empressent d'acheter un petit
plan multicolore qui est leur guide le plus sûr, le moins encombrant
30 et le plus pratique. C'est pourquoi, un long après-midi, nous nous

---

10 atteignis (*p.s. de* atteindre).
11 passagère: fréquentée.
12 carrosserie: *body.*
13 se faufilerait: arriverait à passer.
14 garer: laisser, placer, *park.*
15 Si nous . . .: *suppose we . . .*

sommes promenés en métro; et chaque fois que nous sortions d'une station, Peter découvrait un nouveau coin de Paris.

—Aucun coin de Paris ne ressemble à un autre, me dit-il.

—Oui, comme toutes les grandes villes, Paris est fait de contrastes.

Pour terminer notre promenade, j'ai voulu faire connaître à Peter une des lignes modernisées du métro, celle qui traverse toute la ville de Vincennes à Neuilly. Il put admirer un train qui marche sur pneus, sans secousses et sans bruit, et des voitures élégantes et immaculées.

—Les voyageurs du Métro de New York, dit Peter, devraient voir ça!

Après nos voyages souterrains, Peter pensait qu'en autobus il pourrait encore mieux voir la ville.

C'est une excellente idée, lui dis-je. Il y a de vieux autobus à plate-forme[16] qui sont encore en circulation. Ce sont les meilleurs pour bien voir et être en contact avec les Parisiens si l'on reste debout sur la plate-forme.

C'est ce que Peter fit quelques jours plus tard. Il en fut enchanté. J'avais fait en sorte qu'il prenne la ligne qui longe les quais, puis qui traverse les Tuileries, d'où on découvre la longue perspective des Champs-Élysées. On arrêtait ensuite un moment devant la Comédie Française, puis on suivait l'avenue de l'Opéra. Peter avait reconnu bien des monuments au passage. Il se promit de recommencer cette promenade et nota le numéro de l'autobus. Je lui indiquai alors d'autres lignes, tout aussi intéressantes. En réalité, l'autobus parisien, en raison de la circulation intense, n'est pas un moyen de communication très rapide à l'intérieur même de la ville. Cependant, si vous êtes en vacances ou en promenade, il vous permet d'évoluer à un rythme très convenable dans un merveilleux décor.

Naturellement, Peter avait pris un taxi quand il était pressé.

—C'est à croire que les chauffeurs de Paris et de New York ont appris à conduire à la même école, déclara-t-il: ils vont deux fois plus vite que les voitures particulières. Et puis, je n'ignore

---
[16] plate-forme: partie ouverte à l'entrée d'un autobus, où les passagers sont debout.

plus rien des problèmes de celui qui m'a conduit l'autre jour; il n'a pas cessé de parler pendant tout le trajet. Il avait un fort accent slave, je crois.

     Je lui expliquai alors que de nombreux nobles russes, chassés
5 par la Révolution, étaient devenus, après une chute catastrophique dans l'échelle sociale, chauffeurs de taxi et qu'il y en avait encore quelques-uns à Paris.

COMMENTAIRES

Le Métro

Le Chemin de Fer Métropolitain, régi[1] par la municipalité de Paris, date de juillet 1900. Aujourd'hui, le réseau[2] s'étend sur près de 200 kilomètres (125 *miles*). Il comprend 15 lignes et 350 stations. Ces lignes s'entrecroisent de façon à assurer toutes sortes de correspondances[3]. On peut vraiment se rendre n'importe où à Paris par le métro.

C'est évidemment le moyen de transport le plus rapide. Entre 3,5 et 4 millions de voyageurs prennent le métro tous les jours. On est en train de construire une ligne-express qui traversera Paris en 16 minutes et qui sera prolongée vers Nogent à l'est et vers Neuilly et le Rond-Point de la Défense à l'ouest.

L'Autobus

Le service des autobus parisiens est aussi régi par la municipalité. Il existe un réseau compliqué de 60 lignes qui circulent dans toutes les directions à l'intérieur de Paris. 120 lignes relient la ville à sa banlieue.

Le service des autobus n'est évidemment pas aussi rapide que celui du métro, mais il est sans doute plus agréable et surtout plus confortable, parce qu'on n'admet qu'un certain nombre de voyageurs dans les voitures.

Depuis 1968, on introduit de nouveau à Paris de beaux autobus à impériale (deux étages).

---

[1] régi: administré.
[2] réseau: *network*.
[3] correspondance: passage d'une ligne à l'autre.

QUESTIONS

1. Qu'est-ce que le premier poète admire surtout à Paris?
2. Quels détails choisit-il?
3. Qu'est-ce que le second poète décrit?
4. Quelles différences y a-t-il entre une auto américaine et l'auto de Jean?
5. Décrivez l'embouteillage dans lequel les deux amis se sont trouvés.
6. Finalement, qu'ont-ils décidé?
7. Pourquoi, en donnant son adresse, indique-t-on souvent la station de métro la plus proche?
8. Quel sorte de train les deux amis ont-ils trouvé sur la ligne Neuilly-Vincennes?
9. Pourquoi Jean a-t-il conseillé à Peter de prendre un autobus à plate-forme?
10. Pourquoi est-il agréable de prendre l'autobus quand on n'est pas pressé?
11. Quelle expérience Peter a-t-il eue en taxi?
12. Décrivez le réseau du Métropolitain.
13. Qu'est-on en train de construire?
14. Décrivez le réseau des autobus parisiens.
15. Si vous étiez à Paris, comment aimeriez-vous visiter la ville: à pied, en métro, en autobus, en auto?

16

Le Théâtre à Paris

SCÈNE DU THÉÂTRE CLASSIQUE

A PROPOS DE MOLIÈRE

J'étais seul, l'autre soir, au Théâtre-Français,
Ou presque seul; l'auteur n'avait pas grand succès.
Ce n'était que Molière,[1] ...

    . . . .

J'écoutais cependant cette simple harmonie,
Et comme le bon sens fait parler le génie.
J'admirais quel amour pour l'âpre vérité
Eut cet homme si fier en sa naïveté[2],
Quel grand et vrai savoir des choses de ce monde,
Quelle mâle[3] gaîté, si triste et si profonde,
Que, lorsqu'on vient d'en rire, on devrait en pleurer.

    . . . .

Ô notre maître à tous! si ta tombe est fermée,
Laisse-moi dans ta cendre[4], un instant ranimée,
Trouver une étincelle, et je vais t'imiter!
Apprends-moi de quel ton, dans ta bouche hardie,
Parlait la vérité, ta seule passion,
Et, pour me faire entendre, à défaut[5] du génie,
J'en aurai le courage et l'indignation[6]! ...

                         ALFRED DE MUSSET

---

[1] En 1840, les écrivains romantiques n'admiraient pas beaucoup les classiques.
Musset était une exception.
[2] naïveté: franchise.
[3] mâle: forte.
[4] ta cendre: ce qui reste de toi (ton œuvre).
[5] à défaut: si je n'ai pas.
[6] l'indignation: l'esprit critique de la comédie.

Le théâtre attirait tout particulièrement Peter. Nous passâmes de nombreuses soirées au spectacle et nous sûmes[7] varier les genres afin de n'être jamais lassés, si c'était possible.

A cette époque de l'année, les théâtres n'avaient pas encore fermé leurs portes[8] et la variété des spectacles qui s'offraient à 5 nous était considérable. A la fin du mois de mai, s'ouvrait à l'Odéon, le Théâtre des Nations, vaste programme où figurent des troupes venues d'une dizaine de pays différents. De plus, de nombreuses municipalités de la périphérie de Paris possèdent, depuis quelques années, des troupes remarquables qui font preuve 10 d'un grand esprit de recherche. Celles-ci aussi présentaient leur répertoire au public parisien. Il nous a donc fallu choisir car notre temps était limité. La Comédie Française, la Maison de Molière comme on la nomme aussi, reçut[9] notre visite. On donnait ce soir-là, *Le Bourgeois Gentilhomme* de Molière. 15

—Peut-être as-tu déjà vu ce spectacle? me demanda Peter.

—Oui. Sept ou huit fois, je ne sais plus.

Peter s'étonna.

—Ce spectacle est inscrit au répertoire de la Comédie Française depuis fort longtemps et l'œuvre est très connue, comme tu ne 20 l'ignores sûrement pas. Pourtant le public continue à venir l'applaudir. Les mêmes personnes reviennent voir le même spectacle plusieurs fois, dans des distributions[10] différentes. Tu comprends bien que l'effet de surprise n'existe presque plus; tout le monde connaît la pièce et l'on vient simplement au spectacle. 25

Ce soir-là, j'étais donc assis à côté de Peter sur un fauteuil rouge qui semblait bien vieux. La salle, le cadre impressiona Peter: —«On dirait[11] un musée», dit-il. Les ors qui recouvraient les murs, le lustre avec ses centaines d'ampoules électriques, n'avaient rien d'ancien. Cependant Peter avait raison; il régnait ici je ne sais 30 quel parfum du passé, et la musique de Lulli aidant, on aurait pu

---

[7] sûmes (*p.s. de* savoir).

[8] Beaucoup de théâtres parisiens sont fermés pendant une partie de l'été.

[9] reçut (*p.s. de* recevoir).

[10] liste des acteurs.

[11] on dirait: on pourrait penser que c'est.

s'attendre à voir Molière en personne interpréter son «Bourgeois», comme il le fit autrefois dans un autre théâtre, qui n'existe plus de nos jours et qui se dressait[12] à quelques mètres de l'endroit où nous nous trouvions ce soir-là. Le rideau se leva sans Molière. Mais on 5 aurait pu jurer que sa présence invisible inspirait les acteurs qui respectaient toutes les traditions attachées à la pièce.

Le charme historique avait accompli son œuvre. Il nous laissa bientôt tout entier à la pièce. Les effets que chacun connaissait se produisirent au moment prévu, et pourtant la salle 10 réagissait comme si ces effets avaient été nouveaux. Le «miracle Molière» se manifestait encore. Le Bourgeois jouait avec son jabot[13] de dentelle comme si toute sa vie ce comédien du vingtième siècle l'avait porté. Les répliques[14] des soubrettes[15] jaillissaient, pleines d'un bon sens qu'on pourrait rencontrer encore aujourd'hui, 15 exprimé dans des termes à peu près semblables. Le divertissement[16] final enfin, d'un grotesque calculé avec minutie, fit rire aux éclats toute la salle. Celle-ci fit une ovation aux comédiens et, à travers eux, au génial auteur.

—Pourquoi ne m'avais-tu pas averti plus tôt d'un tel spectacle? 20 me demanda Peter.

—J'ai voulu laisser agir l'effet de surprise.

—Tu as bien fait, jamais tu n'aurais pu me faire une description assez fidèle. Je crois que cela dépasse l'imagination.

25 Quelques jours plus tard, le plus petit théâtre de Paris, le Théâtre de la Huchette, donnait, comme chaque soir depuis près de dix ans, un spectacle Ionesco. Cet auteur de langue française, roumain d'origine, est en effet encore joué dans la même mise en scène qui fit sa renommée. Il a fait depuis une carrière brillante. 30 Sa notoriété s'étend au monde entier, et pourtant ce premier spectacle se poursuit.

---

[12] se dressait: s'élevait.
[13] jabot: *frill.*
[14] répliques: réponses, ripostes.
[15] soubrette: actrice jouant le rôle de suivante, de domestique.
[16] divertissement: espèce de ballet.

—Ionesco est donc fêté ici comme Molière à la Comédie Française, me dit Peter.

—Tu fais un bien grand honneur à Ionesco. L'avenir jugera de sa valeur.

Telle fut ma réponse; j'évitais de prendre position et laissai à Peter la possibilité de juger par lui-même. La salle était étroite, les murs peints grossièrement, les fauteuils inconfortables. Et pourtant ici aussi régnait une atmosphère très particulière. J'avais vu le spectacle dix fois peut-être, pourtant le plaisir que j'y pris était neuf. Les cent spectateurs que contenait la petite salle semblaient boire les répliques. Le rire fusait[17]. Le manque d'aération n'était pour rien dans la chaleur qui se dégageait. Comme cent spectateurs, nous découvrions un auteur de notre époque, connu maintenant dans le monde entier, et nous éprouvions réellement le plaisir de la découverte.

Le cadre historique du Festival du Marais est grandiose. Le but de ce Festival est de remettre en valeur ces hôtels particuliers du XVIIᵉ siècle qui ont été trop souvent laissés à l'abandon. Chaque année, les bénéfices du Festival permettent de restaurer de nouvelles demeures. Ce soir-là, un ballet classique occupait les tréteaux[18] dressés dans la cour de l'hôtel de Rohan. La façade illuminée servait de toile de fond[19] et l'absence de décor ne se faisait pas sentir. Aucun décor, si grandiose qu'il fût[20], n'aurait pu convenir dans un tel écrin. Le grand air, la douceur de cette soirée qui inaugurait l'été, un public de connaisseurs, le spectacle enfin, tout semblait participer à une véritable féerie nocturne.

—J'ai vu ce ballet classique d'un œil neuf, déclara Peter. Le spectacle vaut autant par son cadre et son public que par ses qualités propres.

Peter notait sur un petit carnet chacun des spectacles auxquels nous assistions. La liste en fut longue. Ses déceptions cependant furent rares; je m'étais efforcé de sélectionner. De jeunes auteurs

---

[17] fusait: s'élevait, jaillissait.
[18] tréteaux: scène de théâtre.
[19] toile de fond: arrière-plan.

[20] qu'il fût (*imp. du subj. de* être): *it might have been.*

dramatiques américains et anglais fort prisés[21] à cette époque, un auteur tchèque, un allemand, lui montraient que Paris est un grand centre de culture et de production dramatique. L'attention de Peter, curieux de tout ce qui a rapport au théâtre, fut constamment 5 sollicitée.

—Ne crois-tu pas, me dit-il, que toutes ces superbes représentations, classiques ou internationales, rendent difficile aux jeunes auteurs de se faire entendre?

—Qui sait? Ils peuvent y trouver une inspiration. Les co-10 médiens italiens du XVIIe siècle ont certes influencé Molière. Sans eux son théâtre aurait été sans doute bien différent, à notre grand regret.

---

[21] prisés: appréciés, estimés.

LA COMÉDIE FRANÇAISE

COMMENTAIRES

La Comédie Française

Ce célèbre théâtre national s'appelle officiellement Théâtre Français, mais la grande majorité des Parisiens continuent à l'appeler la Comédie Française. Sa fondation remonte à 1680. C'est là que, pendant près de trois siècles, ont été jouées les pièces de presque tous les grands auteurs dramatiques français.

En 1812, Napoléon accorda à ce théâtre son statut fondamental. D'après celui-ci, la Comédie Française est une association de comédiens subventionnée par le gouvernement. Elle comprend des sociétaires qui partagent les bénéfices, et des pensionnaires qui reçoivent des appointements fixes. A la tête de la société se trouve un administrateur, nommé par l'État.

Le Théâtre joue des pièces nouvelles, mais sa mission est surtout de continuer à présenter régulièrement les œuvres importantes du répertoire. Une grande actrice, comme Julia Bartet (1854–1941) pouvait jouer le rôle principal de plus de quarante pièces.

La Comédie Française a une excellente bibliothèque où se sont accumulées des archives d'un intérêt exceptionnel pour les historiens du théâtre français.

L'Odéon

Ce théâtre national, qui s'appelle aussi Théâtre de France, présente en général des pièces plus modernes et plus internationales qu'à la Comédie Française. Le bâtiment, situé dans le Quartier Latin, fut construit à la fin du XVIIIᵉ siècle.

Lulli (1639-1687)

Ce célèbre compositeur italien a passé une grande partie de sa vie à la cour de Louis XIV. C'est le créateur de l'opéra français.

Ionesco

Auteur de nombreuses comédies qui peignent les absurdités du monde actuel: *Les Chaises; la Cantatrice chauve; le Rhinocéros,* etc.

La Leçon Ionesco

QUESTIONS

1. Qu'est-ce qui montre qu'en 1840 beaucoup de Parisiens n'aimaient pas les pièces classiques?
2. Qu'est-ce que Musset admire chez Molière?
3. Qu'est-ce qu'il espère pouvoir faire lui-même?
4. Quelles pièces intéressantes offrait-on à l'Odéon?
5. Quelle pièce les deux amis sont-ils allés voir à la Comédie Française?
6. Quelle atmosphère spéciale régnait dans la salle?
7. Que pouvait-on admirer dans le jeu des acteurs?
8. Que savez-vous de Ionesco?
9. Quelle était l'attitude du public au Théâtre de la Huchette?
10. Qu'est-ce que c'est que le Festival du Marais?
11. Qu'est-ce qui indique que Paris est un grand centre dramatique?
12. Quelle différence y a-t-il entre les acteurs-sociétaires de la Comédie Française et les pensionnaires?
13. Quelles pièces joue-t-on surtout?
14. Pourquoi Julia Bartet était-elle célèbre?
15. Quelle est l'importance de l'Odéon?

17

Les Sports

LE COUREUR

Tel que Delphes[1] l'a vu quand, Thymos le suivant,
Il volait par le stade aux clameurs de la foule,
Tel Ladas court encor sur le socle[2] qu'il foule[3]
D'un pied de bronze, svelte et plus vif que le vent.

Le bras tendu, l'œil fixe et le torse en avant,
Une sueur d'airain[4] à son front perle et coule;
On dirait que l'athlète a jailli hors du moule,
Tandis que le sculpteur le fondait, tout vivant.

Il palpite, il frémit d'espérance et de fièvre,
Son flanc halète[5], l'air qu'il fend manque à sa lèvre[6]
Et l'effort fait saillir[7] ses muscles de métal;

L'irrésistible élan de la course l'entraîne
Et, passant par-dessus son propre piédestal,
Vers la palme et le but il va fuir dans l'arène.

JOSÉ-MARIA DE HÉRÉDIA

---

[1] Delphes: Ville célèbre de la Grèce ancienne.
[2] le socle: la base de la statue.
[3] foule: frappe.
[4] airain: cuivre, bronze.
[5] halète: respire rapidement.
[6] manque à sa lèvre: ne pénètre pas dans sa gorge.
[7] saillir: ressortir, gonfler.

—Le Français est sportif.

Peter avait entendu vanter à plusieurs reprises cette qualité prêtée au Français. Il demanda des précisions. Je me laissai emporter[8] par mon amour-propre national et lui énumérai la liste de nos
5 champions. Le ski, la natation, l'athlétisme, le football, le rugby, l'équitation, le cyclisme, possèdent en effet en France des vedettes nationales et mêmes internationales.

—Les Français pratiquent donc de nombreux sports et se rendent en masse aux stades pour applaudir leurs joueurs, dit Peter.
10 Je revins à une plus grande objectivité:

—Être sportif ne signifie pas, en langage courant, pratiquer un sport mais plutôt lire, tous les matins, les résultats sportifs. S'intéresser au sport ne consiste donc souvent qu'à acheter un journal spécialisé comme l' «Équipe[9]», ou simplement à lire la page
15 sportive de son quotidien[10] habituel. Mais la télévision joue aussi un rôle très important et peu à peu le public devient connaisseur sans jamais fréquenter les stades.

—Quel est le grand sport national? demanda Peter.

—Si tu acceptes la définition du sport que je viens de te
20 donner, le sport national est le P.M.U.[11] dis-je.

—N'est-ce pas le sigle d'un nouveau parti politique? dit Peter amusé.

—Non, répondis-je, il s'agit du Pari Mutuel Urbain. Le français joue aux courses de chevaux et plus particulièrement à la
25 course du tiercé qui consiste à désigner les trois chevaux qui franchiront en tête le poteau d'arrivée. Le «tiercé» est devenu un phénomène social important. C'est le sujet de conversation de plusieurs jours de la semaine. Dès le samedi soir on commence à étudier la presse spécialisée pour pouvoir jouer efficacement le
30 lendemain. Les épreuves importantes se courent toujours le dimanche. Ce genre de pari a remplacé, dans une grande mesure, la loterie nationale.

---

8 emporter: être entraîné, *carried away.*

9 équipe: *team.*

10 quotidien: journal qui paraît tous les jours.

11 P.-M.-U.: Organisation officielle qui permet de jouer sur les courses de chevaux sans devoir aller à l'hippodrome.

—Les Français sont donc si joueurs ? demanda Peter.

—Vraiment non. Il s'agit, le plus souvent, d'une mise[12] très peu élevée, en général de trois francs. Mais cela introduit un élément dramatique, un «suspense» comme vous dites en Amérique, dans des vies souvent fort monotones. 5

—Ce que tu me dis là est très intéressant, dit Peter, mais il existe cependant bien des épreuves[13] sportives dont parlent les journaux.

—Sans doute, et j'ai eu tort de m'écarter du sujet. Je vais tâcher d'y remédier et de te donner quelques renseignements. 10

Toutes les installations sportives de la ville sont situées dans les quartiers périphériques. Le manque d'installations dans les lycées, les collèges, ou à l'Université explique en grande partie les médiocres résultats internationaux de nos jeunes athlètes. Cependant, un effort pour développer les sports dans les établissements 15 scolaires a été fait et de bons résultats ont été obtenus, surtout en athlétisme et en natation.

Le cyclisme est un sport très populaire. Presque tous les Français ont fait de la bicyclette quand ils étaient jeunes. Ceci explique l'intérêt qu'ils portent aux courses cyclistes sur piste et sur 20

120

[12] mise : pari.
[13] épreuves : tests, compétition.

route. Le fameux Tour de France, qui dure plus d'un mois et attire de nombreux champions des autres pays d'Europe, soulève encore l'enthousiasme des foules. Le football aussi est très populaire. Comme tu le sais sans doute, il s'agit de ce que vous appelez 5 «soccer» aux États-Unis. Chaque ville de France a son équipe. Il existe des milliers de clubs et plusieurs divisions avec leurs championnats annuels. Les matches internationaux sont fréquents et la France y joue un rôle fort honorable.

J'emmenai Peter, un dimanche après-midi, assister à une 10 importante réunion internationale d'athlétisme. Nos joueurs faisaient face à l'équipe nationale d'Italie. Cette rencontre fut de bout en bout[14] passionnante. Le public applaudissait les exploits des athlètes des deux camps. L'arrivée du 1500 mètres fut surtout très disputée. Un début de course très rapide affecta péniblement 15 plusieurs concurrents qui furent irrémédiablement lâchés. Restaient en course le champion français et le champion italien qui attaquèrent tour à tour dans la dernière boucle pour terminer ensemble sur le fil.[15] Les spectateurs étaient debout; ils criaient leur admiration à ces champions qui se congratulaient mutuellement, s'em-20 brassaient, posaient pour les photographes, saluaient la foule. Peter était enchanté. Le lendemain, je le surpris[16] en train de lire la page consacrée aux sports dans le journal. Il riait aux éclats.

—Les Français sont vraiment d'excellents polyglottes, dit-il. Ces comptes rendus[17] sont pleins de mots anglais.

25 Il avait devant les yeux l'article qui donnait le résultat du tiercé. La manchette[18] annonçait qu'il avait rapporté 11.000 francs pour 3. Deux outsiders avaient fait dead-heat. Ils s'appelaient Irish Idol et Real Oak.

—Oui, lui dis-je; mais il faut apprendre à bien prononcer: les 30 deux «outecidaires» qui ont fait «didite» s'appelaient «irricidole» et «réalwac».

---

[14] de bout en bout: du commencement jusqu'à la fin.
[15] sur le fil: sur la ligne d'arrivée.
[16] je le surpris: je l'ai découvert.
[17] comptes rendus: rapports, articles.
[18] manchette: titre d'un article de journal.

COMMENTAIRES

Parmi les 50 millions de Français, 15 millions ont moins de 20 ans. La France est devenue le plus jeune des vieux pays.

Comme partout dans le monde, jeunes gens et jeunes filles non seulement s'intéressent aux sports mais veulent les pratiquer. Ils sont de l'avis de Maurice Herzog qui déclare: «C'est le sport qui donne aux yeux du monde l'image la plus vraie du dynamisme d'un pays.»

Le gouvernement s'est rendu compte de cet engouement[1] et il a dû y faire face. En 1963, il a créé un Secrétariat d'État à la Jeunesse et aux Sports. L'Assemblée Nationale, depuis cette date, a voté des crédits de 2 milliards de francs (400 millions de dollars) pour des installations sportives publiques et scolaires.

La France rattrape rapidement son retard dans le domaine de l'éducation physique et elle participe maintenant, avec un succès remarquable, à tous les championnats européens, qui ont souvent lieu à Paris.

Malheureusement, la ville manque d'espace libre pour y aménager certains sports, mais de nombreux clubs se développent dans la périphérie.

De très grands progrès ont été réalisés. Bientôt on pourra dire avec certitude: Le Français est sportif.

QUESTIONS

1. Pourquoi le poète place-t-il ses athlètes en Grèce?
2. Décrivez le coureur, tel que la statue nous le montre.
3. Selon Jean, dans quels sports les Français ont-ils eu des champions?
4. Y a-t-il des «sportifs» qui ne pratiquent aucun sport? Que font-ils?
5. Que faut-il pouvoir indiquer pour gagner un «tiercé»?
6. Qu'est-ce que c'est que le Tour de France?
7. Le football est-il populaire?
8. A quelle réunion sportive les deux amis ont-ils assisté?
9. Pourquoi le 1500 mètres a-t-il été passionnant?
10. Qu'est-ce que Peter a fait le lendemain?
11. Pourquoi riait-il aux éclats?

122 [1] engouement: grand intérêt, enthousiasme.

12. La jeunesse française d'aujourd'hui s'intéresse-t-elle aux sports?
13. Qu'est-ce que Maurice Herzog déclare à propos des sports?
14. Qu'est-ce que l'Assemblée Nationale a voté?
15. Quel espoir ont les jeunes Français?

JOUEURS DE BOULES DANS LE BOIS DE VINCENNES

18

Les Français au travail

L'EFFORT

Ô ce travail farouche, âpre, tenace, austère,
Sur les plaines, parmi les mers, au cœur des monts,
Serrant[1] ses nœuds partout et rivant[2] ses chaînons
De l'un à l'autre bout des pays de la terre !
Ô ces gestes hardis, dans l'ombre ou la clarté,
Ces bras toujours ardents et ces mains jamais lasses,
Ces bras, ces mains unis à travers les espaces

Pour imprimer[3] quand même à l'univers dompté
La marque de l'étreinte[4] et de la force humaines
Et recréer les monts et les mers et les plaines,
*   D'après une autre volonté.*

ÉMILE VERHAEREN[5]

---

[1] serrant: *tightening.*
[2] rivant: soudant, attachant.
[3] imprimer: enfoncer profondément.
[4] étreinte: embrassement.
[5] Le grand poète belge a consacré une grande partie de son œuvre aux ouvriers et à l'effort vers un monde meilleur.

Dimanche après-midi, nous avions sympathisé avec un specta-teur qui avait suivi à nos côtés le match de football Paris-Brest au stade de Colombes[6]. A la sortie, après nos commentaires désabusés[7] sur la défaite du club de Paris, nous avions abordé d'autres sujets plus personnels. Michel, c'était le nom de notre ami de rencontre, se prêta volontiers à la conversation. Nous avions pratiquement le même âge, de sorte que, d'emblée[8], nous nous sommes mis à nous tutoyer[9].

—Tu ne vas pas me dire que tu as appris le français aux États-Unis? dit Michel à Peter. Moi, j'ai suivi quelques classes d'espagnol, mais je ne sais pas grand'chose. Si je vais en vacances en Espagne cet été, je ne mourrai ni de faim ni de soif et je saurai demander une chambre dans un hôtel, mais rien de plus.

Michel était fort impressionné par l'excellent français que parlait Peter.

—C'est un as[10] ton copain! me lança-t-il.

—Oui, Peter parle très bien, répondis-je. Mais il a dû étudier longtemps et avec sérieux.

—Moi, répondit-il, à l'école professionnelle, j'ai à peine étudié le français. Tu sais ce que c'est, j'étais là pour apprendre un métier et non pas pour me cultiver.

En l'entendant, nous avons réalisé, Peter et moi, la chance que nous avions d'avoir pu, grâce à nos parents, poursuivre nos études. Ce garçon-là n'avait pas eu la même chance, et nous nous sentions un peu gênés[11].

—Tu travailles à Paris? demanda Peter.

—Dans la banlieue. Un car nous transporte matin et soir, c'est assez pratique.

—Et ton travail te plaît?

—Oui. Pour l'instant. Je n'en connais pas d'autre. Mais je peux

---

[6] Grand stade au nord de la ville.
[7] désabusés: dégoûtés.
[8] d'emblée: tout de suite.
[9] tutoyer: employer tu, toi.
[10] un as: un garçon remarquable.
[11] gênés: embarrassés.

t'assurer que je n'aurais jamais pu tenir huit heures par jour dans un bureau.

—Tu travailles en usine?

—Oui. Aux «Camions Bernard». Ce n'est pas mal comme «boîte[12]». Le milieu y est assez jeune, puis il y a des possibilités de 5 promotion si on veut bien se donner la peine d'étudier après les heures de travail.

—Et c'est ce que tu fais? demanda Peter.

—Tu sais, je rentre de l'armée[13] et le service militaire vous ramollit. Je me donne deux mois de répit, puis je me mettrai 10 sérieusement au travail. Je n'ai pas choisi ce métier. Mais toute ma famille travaille en usine. Un de mes frères échappe à la règle; il a obtenu une bourse et il termine ses études à l'École Normale. C'est

[12] boîte (*pop.*): maison, entreprise où l'on travaille.
[13] je rentre de l'armée: je viens d'être démobilisé.

l' «intellectuel de la famille», il m'a promis de m'aider dans mes études.

—Les études sont souvent très coûteuses aux États-Unis et beaucoup de jeunes gens doivent faire face aux mêmes problèmes, 5 reprit Peter. Nombreux aussi sont ceux qui travaillent et étudient en même temps.

—Dans mon cas, après le C.A.P.[14], je me suis débarrassé du service militaire. Maintenant, j'ai l'impression qu'il faudra prendre les études au sérieux. Mais il va me falloir une belle dose de 10 volonté!

—Je suis sûr que tu réussiras, lui dis-je.

—Je l'espère. Je connais bien des cas comme le mien. Il faut surtout éviter de se marier trop tôt. Les camarades qui sont mariés n'arrivent pas à étudier après huit heures d'usine. Une famille 15 crée des obligations. Alors, ils font des heures supplémentaires pour améliorer leur salaire et ils deviennent de vrais esclaves. Je veux à tout prix éviter cela.

—Quel examen vas-tu préparer? demanda Peter.

—J'ai mon C.A.P. de mécanicien. Je crois que je suis assez 20 doué[15] pour le dessin. Je vais essayer de devenir dessinateur industriel. Mais je ne me fais aucune illusion. Il ne suffit pas d'avoir un bon coup de crayon[16], il faut assimiler un tas de connaissances techniques et réussir aux examens. Mais enfin, avec un tel diplôme je ne serai plus lié à un patron ou à une usine, je me 25 sentirai socialement plus libre et mon salaire sera plus important . . . Vous voyez, dit-il en riant, je parle comme si j'avais déjà réussi!

Puis la conversation changea de cours. On parla, à bâtons rompus[17], de mille choses qui exprimaient l'attitude de notre génération, sa façon désinvolte[18] de considérer les valeurs établies et 30 sa sensibilité en face des grands problèmes humains.

—J'aimerais voir du pays comme tu le fais, dit Michel, en

---

[14] C.A.P.: certificat d'aptitude professionnelle.
[15] doué: bon, capable.
[16] un bon coup de crayon: de la facilité pour dessiner.
[17] à bâtons rompus: sans ordre.
[18] désinvolte: libre, sans-gêne.

s'adressant à Peter. Je n'ai pas encore les moyens de le faire. Pour l'instant, je gagne de quoi me nourrir et me vêtir et il ne me reste que peu d'argent pour mes distractions[19]. Mais je me suis mis dans l'idée de tâcher de faire des économies.

—Pour voyager? 5

—Oui. Sans traverser l'océan comme toi, répondit-il; mais les bords de la Méditerranée m'attirent. Un mois par an, je veux pouvoir m'évader[20] et profiter au maximum de mes vacances . . . Je dois rentrer, déclara-t-il, après avoir consulté sa montre. Ce soir je dîne en famille. Une fois par semaine, avec mes sœurs et mes 10 frères, nous nous retrouvons autour de la grande table familiale.

—Tu vis dans un foyer de jeunes ouvriers? demandai-je.

—Non, répondit-il, pas moi. J'ai de nombreux amis qui vivent ainsi et qui s'en trouvent bien. Je suis trop indépendant pour vivre comme cela. J'ai essayé pendant quelques mois. Maintenant, j'ai 15 loué une chambre de bonne au sixième étage[21] d'un immeuble ancien, sans ascenseur. Ce n'était ni propre ni confortable quand j'y suis entré. Maintenant c'est un petit palais avec eau courante, douche et chauffage. J'ai tout installé moi-même. Et puis, de là-haut j'ai une vue incomparable sur Paris. Il n'y a que là où je me sente[22] 20 dans mes meubles, vraiment chez moi, où je sois[22] bien.

—Si tu es pressé, veux-tu que nous t'emmenions? dis-je.

Nous étions arrivé à l'endroit où j'avais laissé ma vieille voiture.

—Je vous remercie, répondit-il, moqueur, mais j'ai mon 25 vélomoteur; j'ai très faim tout d'un coup, et avec votre voiture et la circulation du dimanche je risquerais d'arriver seulement pour le dessert.

---

[19] distractions: amusements.
[20] m'évader: échapper, sortir de mon milieu.
[21] Le sixième étage est, en général, occupé par des chambres de domestiques.
[22] Remarquez l'emploi du subjonctif après une expression plus ou moins équivalente à un superlatif.

BENOTO

BENOTO
PARIS

OPERA RIVE GAUCHE MONTPARNASSE

GALERIES BARBÈS

COMMENTAIRES

Quelques renseignements

Il ne faut pas comparer la vie d'un ouvrier français avec celle d'un américain. Son salaire est très inférieur et il dépense moitié moins que son confrère des États-Unis. Le salaire annuel moyen d'un ouvrier parisien est évalué à environ 11.000 francs (2200 dollars). C'est à peu près ce que gagnent aussi les ouvriers de Berlin, de Bruxelles ou de Rome.

Les lois françaises protègent les ouvriers de diverses façons.

La Sécurité Sociale lui garantit une très grande protection contre les frais de soins médicaux et d'hôpitaux, les conséquences d'accidents, de l'invalidité, de la vieillesse et du chômage[1]. A 65 ans, il reçoit une pension de 40% du salaire moyen reçu pendant les 10 années qui précèdent son 60ᵉ anniversaire. A cette pension vient souvent s'ajouter un supplément payé par l'industrie où il a travaillé.

La Sécurité Sociale est financée par des contributions qui représentent 20% des salaires, 14% à la charge des employeurs, 6% à la charge des ouvriers.

Le régime légal de la durée du travail est de 40 heures par semaine; mais il n'est pas rare que l'ouvrier travaille des heures supplémentaires; celles-ci sont payées à un tarif majoré[2] de 25% et même, dans certains cas, de 50%. La loi exige que l'ouvrier ait des vacances payées d'un mois.

L'ouvrier, aujourd'hui, jouit d'un confort beaucoup plus grand qu'il y a dix ou vingt ans. Il se sent protégé et a tendance à ne pas épargner. Il achète de plus en plus à tempérament.[3]

Il en résulte que les grèves[4] de quelque durée sont devenues rares. L'ouvrier est très protégé, mais il est devenu moins indépendant.

---

[1] chômage: manque de travail.
[2] majoré: augmenté.
[3] à tempérament: à crédit (en payant petit à petit).

[4] grèves: *strikes*.

QUESTIONS

1. Dans le poème de Verhaeren, de quelle volonté s'agit-il?
2. De quelles images le poète se sert-il pour exprimer cette volonté?
3. Qui les deux amis ont-ils rencontré au match de football?
4. Qu'est-ce que Michel a admiré?
5. Pourquoi n'avait-il pas pu se perfectionner dans une langue étrangère?
6. Pourquoi est-il assez satisfait à l'usine où il travaille?
7. Est-ce que tous ses frères sont des ouvriers, comme lui?
8. Qu'est-ce que Michel a l'intention de faire plus tard?
9. Comment aimerait-il passer ses vacances?
10. Où habite-t-il? Est-il bien installé?
11. Quelle différence y a-t-il entre le niveau d'existence d'un ouvrier français et d'un ouvrier américain?
12. Comment les lois sociales protègent-elles l'ouvrier français?
13. Combien d'heures par semaine travaille-t-il?
14. Qu'est-ce que c'est qu'acheter à tempérament?
15. Quel est un des résultats de la protection sociale dont bénéficie l'ouvrier?

19

Les Françaises au travail

LE BON TRAVAIL

D'où vient donc la vertu secrète
Du bon travail? C'est qu'il arrête
Sur un point fixe l'œil content !
C'est qu'il limite la pensée . . .
Toute besogne est cadencée[1],
Et s'harmonise au cœur battant !

Tout travailleur fait[2] de la vie,
Et c'est l'humanité servie
Qui, par un charme intérieur,
Paie en gaîté le bon ouvrage !
Et tous les cœurs font le courage
Mystérieux du travailleur !

Qui rêve est toujours solitaire ;
L'action, par toute la terre,
Pousse la foule aux grands chemins[3] ;
Le travail n'est jamais la haine . . .
Tous les travailleurs font la chaîne
Et sentent leur cœur dans leurs mains !

---

[1] cadencée: rythmée.
[2] fait: crée.

[3] aux grands chemins: vers des aventures grandioses.

....

Sois la volonté, l'énergie,
Et tu sentiras, par magie,
Mille cœurs dans ton cœur content ;
Tu seras de la grande ronde[4]
Qui se déroule par le monde
Les mains dans les mains en chantant !

JEAN AICARD

Marie-France habite dans le même immeuble que mes parents. Nous sommes amis de longue date. Nous avons longtemps partagé nos jeux dans une grande cour derrière la maison. Plus tard, j'ai eu maintes fois l'occasion de l'aider dans ses devoirs de classe. J'étais
5 un peu plus âgé qu'elle et très fier de pouvoir lui montrer les connaissances que j'avais acquises un an seulement avant elle. Lorsque je devins[5] étudiant, Marie-France commença à travailler pour gagner sa vie et nous n'avions plus guère eu l'occasion de nous rencontrer. J'ai eu la joie, au cours d'une promenade que nous
10 faisions Peter et moi, de reconnaître Marie-France et de pouvoir lui présenter mon ami.

Elle avait beaucoup changé. C'était maintenant une jeune femme élégante, sans luxe apparent, mais d'un goût sûr. L'attitude sérieuse et réservée[6] qu'elle présentait contrastait avec sa jeunesse.
15 J'avais du mal à[7] reconnaître l'enfant enjouée[8] qui se faisait si souvent réprimander par le vieux concierge de l'immeuble pour qui nous étions de véritables démons.

—Je travaille chez un grand couturier, nous expliqua Marie-France, rue Royale, tout près d'ici.

20 Il était environ midi, et une foule de jeunes femmes

---

4 ronde: évolution humaine.
5 devins (*p.s. de* devenir).
6 réservée: discrète, modeste.
7 J'avais du mal à: Je trouvais difficile de.
8 enjouée: gaie.

133

déambulaient[9] sur les trottoirs, en petits groupes. Certaines avaient gardé pour le déjeuner la blouse blanche ou bleue de leur travail.

—Regarde comme ces jeunes filles savent rester élégantes, même quand elles portent de simples blouses, me fit remarquer Peter.

Ces groupes envahissaient un à un les cafés de la rue pour y déjeuner. Un sandwich et un café semblaient constituer le menu-type de chacune d'entre elles. Marie-France fit la même commande et nous expliqua que le temps et aussi l'argent nécessaire manquaient pour aller s'installer à une table de restaurant et faire un repas complet. Pour ce jour-là, nous décidâmes, Peter et moi, de

5

10

---

[9] déambulaient: se promenaient lentement.

nous contenter de ce menu. Ce qui nous intéressait, c'était d'interroger Marie-France, de savoir quelle vie était la sienne maintenant.

 Mais elle voulait d'abord satisfaire sa grande curiosité con-
5 cernant les États-Unis et ce fut elle qui posa à Peter de nombreuses questions sur son pays, des questions précises, évitant les lieux communs ou les généralités, ce qui dénotait chez elle un esprit curieux et une certaine connaissance du monde. Jamais pourtant Marie-France n'avait passé les frontières de son pays. Sans doute
10 avait-elle beaucoup lu et beaucoup retenu. Peter répondit à toutes ces questions en tâchant de mentionner les laideurs comme les beautés de la vie en Amérique. Cette impartialité impressionna fort Marie-France qui, à son tour, répondit sans détours à nos questions. **135**

Elle nous raconta de quoi sa vie était faite, et en même temps que Peter je découvris un monde, celui de la midinette[10].

—Je travaille depuis six ans, dit-elle, dans un atelier de couture[11]. Comme beaucoup de mes collègues, j'ai commencé très jeune à travailler, à seize ans à peine. Je me suis intégrée à une équipe, et désormais je n'envisage pas[12] de changer de métier ni même de maison de couture. Sans formation spéciale au départ, j'ai maintenant un métier et une situation qui me permettent de vivre.

La gravité du visage, l'attitude réfléchie de Marie-France s'expliquaient clairement. Le besoin de gagner sa vie, cette lutte qui avait dû lui paraître si pénible au début, avaient transformé la nature de l'enfant que j'avais connue. Autour de nous, les adolescentes ou les jeunes femmes avaient le même air grave mais sans tristesse. Quelque légère plaisanterie animait parfois leurs conversations.

—Le travail est souvent épuisant[13], poursuivit Marie-France. Cependant, l'impression qu'on a de collaborer à une œuvre importante est tout à fait réconfortante. Chacune d'entre nous a son rôle à tenir, un rôle précis où toute son attention est requise. Nous aimons beaucoup notre patron, sa façon de travailler, les modèles qu'il dessine. Puis, la création artistique sort de nos efforts; il nous le fait clairement comprendre. Aussi[14] la réussite comme l'échec sont-ils ressentis par tous. «Nous avons créé tel modèle» disons-nous volontiers. Nous avons donc notre part à l'édifice et cela nous rend la tâche plus facile.

—Votre travail reste donc dans un cadre très artisanal[15]? demanda Peter.

—Oui, répondit-elle, un artisanat familial où chacun doit beaucoup donner de lui-même. Par exemple, à l'époque des collections, il nous arrive de rester à travailler toute une nuit pour

---

[10] midinettes: ouvrières qui sortent dans la rue à midi.
[11] couture: confection de vêtements féminins.
[12] je n'envisage pas: je n'ai pas l'intention.
[13] épuisant: très fatigant.
[14] aussi: en conséquence (une inversion suit).
[15] artisanal: d'artisan, individuel, non industriel.

rectifier, au dernier moment, un modèle qui ne satisfait pas entièrement le patron. Pourtant, le matin suivant, nous n'avons à déplorer aucune absence, ni même aucun retard.

—Voilà bien ce qu'on appelle l'esprit de corps, conclut Peter.

5 La pause de midi touchait à sa fin. Marie-France partit rejoindre son atelier; mais nous avions décidé de nous revoir bientôt.

Quelques jours plus tard, elle était exacte[16] au rendez-vous, montrant toujours cette élégance sobre qui semblait la caractériser.

10 Ce soir-là elle nous parla d'autres aspects de sa vie, de la monotonie de ses loisirs, de la difficulté qu'elle rencontrait à se créer de vrais amis. Bien sûr, elle s'adonnait[17] aux distractions de son âge et participait le plus possible à la vie publique. Elle aimait beaucoup danser, elle fréquentait aussi un ciné-club et suivait des cours

15 d'anglais «parce que cela peut toujours servir». Souvent, dit-elle, je vais écouter des conférences d'explorateurs, car les pays lointains me fascinent; j'y vais toute seule pour être toute entière au récit ou aux images qui sont projetées. C'est pour moi une véritable évasion[18].

20 Elle nous expliqua aussi qu'elle vivait chez ses parents et contribuait aux frais du ménage. Elle dépensait le moins possible, économisant pour les vacances, pour bien s'habiller et pour de rares distractions.

—Le problème est souvent très différent pour certaines de mes

25 camarades, ajouta-t-elle, qui vivent seules, dans des conditions souvent inconfortables, et avec des soucis financiers constants.

Puis elle posa à nouveau à Peter de nouvelles questions. Sa curiosité, ses réflections, sa franchise lui plurent[19] beaucoup. Ils décidèrent de s'écrire lorsque Peter serait retourné aux États-Unis.

30 Lui écrirait en français et Marie-France essayerait de le faire en anglais. Ainsi le contact serait maintenu. Et qui sait? Peut-être le sort les réunirait-il un jour, soit en Amérique, soit en France.

---

[16] exacte: à l'heure.
[17] s'adonnait: prenait plaisir.
[18] évasion: action d'échapper.
[19] plurent (*p.s. de* plaire).

Quelques renseignements

Dans tous les domaines, la femme française jouit légalement des mêmes prérogatives que l'homme. A travail égal, elle doit recevoir les mêmes rémunérations que lui. Elle bénéficie de toutes les lois sociales.

Il existe cependant des professions où l'on n'emploie que des femmes et où on les paye souvent assez mal.

Beaucoup de Françaises ont une profession; elles forment plus du tiers de la population active du pays.

Dans les familles ouvrières, c'est la femme qui, en général, gère[1] les revenus du ménage et qui assume la plupart des responsabilités familiales.

Ici encore, l'État intervient pour aider les familles. Il accorde des allocations[2] familiales à partir du deuxième enfant, une allocation prénatale, une allocation de maternité à la naissance d'un enfant, une allocation de logement pour compenser les frais occasionnés par la présence d'un nouvel enfant. Malgré tout, la vie est souvent difficile, surtout à Paris, pour une ouvrière qui a un enfant en bas âge. Il faut souvent faire appel à l'aide des grands-parents.

Heureusement, le confort moderne pénètre peu à peu dans les foyers[3] ouvriers. Plus de 35% de la population possèdent maintenant un réfrigérateur, un aspirateur, une machine à laver. Plus de 35% ont la télévision.

L'ouvrier, au lieu de s'arrêter au café, rentre chez lui avec plaisir. La vie est meilleure.

---

[1] gère: administre.
[2] allocations: indemnités, subsides.
[3] foyers: maisons, familles.

QUESTIONS

1. Quelle est la vertu spéciale du travail?
2. Quel plaisir y a-t-il à participer à l'action générale?
3. Le poète est-il optimiste?
4. Depuis quand Jean connaissait-il Marie-France?
5. Qu'est-ce qui a surpris Jean le jour où il l'a revue, par hasard?
6. Que font toutes les jeunes ouvrières à midi?
7. De quel sujet Marie-France et Peter ont-ils parlé tout d'abord?
8. Qu'est-ce qui expliquait l'attitude réfléchie de la jeune fille?
9. Comment décrit-elle son travail?
10. La vie de Marie-France, en dehors de son travail, était-elle très intéressante?
11. Dans quel but fait-elle des économies?
12. Y a-t-il des ouvrières moins heureuses qu'elle?
13. Qu'est-ce qui indique que Marie-France et Peter se sont plu?
14. La loi française protège-t-elle la femme autant que l'homme?
15. Quelles allocations accorde-t-on aux familles?
16. Est-ce que le confort moderne rend la vie familiale plus heureuse?

20

Police et Justice

BONNE JUSTICE

. . . .

C'est la dure loi des hommes
Se garder intact malgré
Les guerres et la misère
Malgré les dangers de mort

C'est la douce loi des hommes
De changer l'eau en lumière
Le rêve en réalité
Et les ennemis en frères

Une loi vieille et nouvelle
Qui va se perfectionnant
Du fond du cœur de l'enfant
Jusqu'à la raison suprême

PAUL ÉLUARD

L'agent de la circulation est une figure populaire de la vie de la rue. Son activité débordante[1] au centre d'un carrefour, son sifflet strident et autoritaire, mais aussi beaucoup de bonhomie[2] parviennent à rendre plus fluide la redoutable circulation parisienne.

5 L'agent de la circulation est indispensable; dans chaque quartier, à chaque carrefour, il est présent pour éviter que les embouteillages ne se forment ou pour permettre aux piétons de traverser.

—Le Français n'est pas du tout discipliné, avait remarqué Peter; il traverse au feu rouge, et s'il est en voiture, il n'hésite pas à

10 passer quand le jaune est mis.

—Cela arrive, en effet, trop souvent. Il s'ensuit[3] de longues discussions entre le chauffeur fautif et l'agent qui, moins généreux qu'à l'accoutumée, l'a sèchement sifflé. En voici une:

—J'ai passé au vert, Monsieur l'agent.

---

1 débordante: extrême.
2 bonhomie: bonté.
3 il s'ensuit: cela a pour conséquence.

141

—Vos papiers, s'il vous plaît.

—Puisque je vous dis que j'ai passé au vert . . . demandez donc à ma femme, elle vous le dira . . .

—Vos papiers, s'il vous plaît.

—Les voici, mes papiers! (Là, le conducteur fautif dit quelques 5 mots entre ses dents.)

—Pardon? demande l'agent.

—Non, rien . . . enfin je disais encore une fois que j'ai passé au vert.

—Un vert bien étrange, Monsieur, et qui tirait sur[4] le rouge. 10

Parfois, des curieux s'approchent, se mêlent à la discussion, et la scène devient cocasse[5]. Ou bien l'agent «fait circuler» les badauds, ou bien il entre dans le jeu au détriment du malheureux chauffeur qui devient l'objet de la risée[6] générale.

Bien des agents de police épousent des concierges. Le couple 15 ainsi formé devient parfois assez comique. Pendant ses loisirs l'agent, en bras de chemise et en pantoufles, occupe la loge[7] tenue habituellement par sa femme; et la femme, consciente de son «rôle social», devient la «peste» du quartier en tâchant d'acquérir pour son propre compte[8] l'autorité conférée au seul uniforme de son 20 mari.

Le policier, qu'il faut différencier de l'agent de la circulation, n'a jamais été une figure populaire en France. A travers les siècles, les Français, étudiants, ouvriers, paysans, ont vu se dresser devant eux une police sévère chaque fois que leurs manifestations 25 s'exprimaient dans la rue. Des heurts violents ont souvent éclaté entre le peuple et la police. A certaines époques particulièrement troublées, une police secrète, qui n'a pas contribué à augmenter la popularité de la police en général, s'est constituée en une force redoutable. Une vieille tradition plus ou moins libertaire subsiste 30 en France. Déjà le poète François Villon témoignait de sa haine de

---

[4] tirait sur: était très proche de.
[5] cocasse: comique.
[6] risée: moquerie (action de rire).
[7] loge: logis, chambre ou petit appartement occupé par un concierge.
[8] son propre compte: elle-même.

142

la police avec laquelle il eut souvent à se débattre[9], ce qui le rattache à la lignée des poètes dont Georges Brassens et Léo Ferré sont les représentants actuels. Brassens, qui a la nostalgie du Moyen Age, rêve d'être ou d'avoir été l'ami de Villon et d'avoir poursuivi avec lui une vie tout aussi aventureuse. Il a épousé la haine de Villou, et certains événements contemporains sont venus renforcer son sentiment. Léo Ferré de son côté, s'insurge[10] contre les prisons et contre toutes sortes de privations de liberté dont la police et la société sont responsables.

—Veux-tu m'expliquer, me demanda un jour Peter, ce que signifie la phrase que j'ai entendue dans la rue ce matin, dite par un automobiliste pressé de démarrer[11]: «Partons d'ici avant que les hirondelles[12] ne nous collent un papillon bleu»? Je trouve cette langue poétique et hermétique à la fois.

—C'est du parisien et du plus pur, dis-je. Le mot hirondelle est le nom donné dans le jargon parisien à l'agent qui effectue sa ronde dans les rues. Il est généralement à bicyclette et au-dessus de son uniforme il porte une cape sombre qui rappelle le plumage de l'hirondelle. Et le papillon bleu est tout simplement la contravention[13] que ce même agent colle sur le pare-brise des automobiles en infraction.

—Très joli, dit Peter, j'aime cette façon poétique de déguiser une petite adversité de dix francs. C'est bien le coût d'une contravention, n'est-ce pas?

—Je pense que tu entrevois là un trait du caractère des Parisiens. Ils aiment à se moquer des difficultés quotidiennes; ils ont de cette façon l'impression de les subir moins.

—Cette impression est fausse, sans doute, reprit Peter. A Paris comme à New York le citadin doit subir les contrariétés de sa ville. Mais, après réflexion, je pense qu'un certain humour peut

---

[9] se débattre: se défendre, résister.
[10] s'insurge: se révolte.
[11] démarrer: mettre une auto en marche.
[12] hirondelle: *swallow.*
[13] contravention: *ticket.*

rendre la vie plus acceptable. Puisque nous parlons de policiers, explique-moi donc pourquoi on semble lire en France tant de romans de ce genre spécial.

—Le Roman Noir, ou Roman Policier, est en effet un genre littéraire fort bien établi en France. Les maîtres reconnus du genre 5 sont surtout américains et leurs livres sont traduits en français. Mais, pour avoir su s'adapter plus précisément au cadre national, Georges Simenon est devenu l'auteur préféré des Français. Il procure exactement l'émotion recherchée[14] et ne s'embarrasse pas d'une langue difficile ; son succès est considérable. Il existe naturelle- 10 ment un prix du roman policier ; un de ces prix est échu[15] récemment à un jeune professeur de latin qui avait écrit un roman dont l'action se déroulait à l'époque de la Rome antique. Tu vois, donc, qu'on cherche à innover.

Le «Quai des Orfèvres», à Paris, est le centre de la Police 15 judiciaire. Nombreux sont les films ou les romans policiers qui situent une partie de leur action dans ces locaux.

—J'imagine que cela finit toujours de la même façon : le coupable est puni. Ce n'est malheureusement pas toujours le cas dans la réalité. 20

—Tu es bien pessimiste! C'est déjà assez réaliste de dévoiler, dans ces romans, les perfidies et les crimes qui se cachent dans le monde.

—La police paraît être organisée de la même façon dans les pays de civilisation semblable. Mais on m'a dit qu'il y a une grande 25 différence dans l'organization de la justice en France et aux États-Unis.

—Certes! En France, le système judiciaire est national. Il existe un ministère central de la justice. On n'a jamais élu les juges que pendant quelques années de la Révolution. Il existe une 30 hiérarchie semblable à celle de l'armée et on prépare les magistrats, après les études de droit, dans une Grande École spéciale où l'on n'entre que par concours. Puis, la justice française est basée

14 recherchée : que l'on désire.
15 est échu : a été donné, décerné.

144

sur des codes[16]. Ceux-ci datent de la Révolution et du règne de Napoléon 1er. Évidemment, les articles de ces codes sont modifiés selon l'évolution des conditions politiques et sociales.

　　—Je l'espère bien! Mais j'espère aussi n'avoir aucun contact
5　désagréable avec vos policiers et vos juges.

------

[16] code: recueil, ensemble de lois.

CAVALIERS DE LA GARDE RÉPUBLICAINE

Les Agents de Police

Les Parisiens sont bien protégés, car plusieurs corps de police veillent au maintien de l'ordre et de la sûreté publique.

La police municipale est dirigée par un Préfet, nommé par le gouvernement. Chacun des 20 arrondissements de Paris a son commissariat, centre de la police, dont le chef est un commissaire. Celui-ci a, sous ses ordres, de nombreux agents qui circulent constamment dans les rues du quartier.

Ces agents de police se sont aussi appelés sergents de ville et gardiens de la paix. Le peuple, lui, leur a donné des sobriquets[1] peu flatteurs qui varient d'une génération à l'autre: sergots, flics, vaches, hirondelles.

Ce dernier surnom va sans doute disparaître. Depuis que notre ami Peter a quitté Paris, on a décidé de changer l'uniforme des agents et ceux-ci ne portent plus de cape. Comme il restait un assez grand stock de celles-ci, on les a vendues à un commerçant américain. Celui-ci en a fait des capes féminines qui, paraît-il, ont eu beaucoup de succès.

On a donc pu voir de charmantes New Yorkaises portant des capes policières francaises. Quel bel exemple des bonnes relations économiques franco-américaines !

La Garde Republicaine

La gendarmerie est un corps de police national. Elle est représentée à Paris par La Garde Républicaine. Celle-ci intervient en cas de troubles politiques ou de violentes manifestations populaires. Elle sert aussi de garde d'honneur aux grands personnages étrangers qui sont venus rendre visite au Président de la République.

La Sûreté

Au Quai des Orfèvres, dans l'Île de la Cité, se trouvent les Services de la Sûreté Générale. C'est le Scotland Yard français. La Sûreté est connue dans le monde entier, non seulement à cause de l'excellence de ses services, mais aussi par les romans policiers de Georges Simenon. Son héros, le commissaire Maigret, psychologue astucieux et policier patient et imperturbable, semble bien avoir remplacé Sherlock Holmes.

[1] sobriquets: surnoms moqueurs.

QUESTIONS

1. Le poète Éluard est-il un idéaliste? Expliquez votre réponse.
2. Qu'est-ce que l'agent de la circulation tâche d'obtenir?
3. Les Francais obéissent-ils toujours à l'agent?
4. Le chauffeur fautif reconnait-il facilement qu'il a eu tort?
5. Qu'est-ce qu'il lui arrive parfois?
6. Pourquoi la police n'est-elle pas populaire?
7. Quels poètes critiquent amèrement la police et même la justice?
8. Pourquoi appelait-on souvent les agents des hirondelles?
9. Cette expression se justifie-t-elle encore aujourd'hui?
   (Voir commentaires)
10. Pourquoi Georges Simenon a-t-il du succès? (Voir commentaires)
11. La justice, en France, est-elle organisée comme aux États-Unis?
12. Qu'est-ce qu'un commissariat?
13. Quelles sont les fonctions de la Garde Républicaine?
14. Qu'est-ce que c'est que la Sûreté?

Vocabulaire

This vocabulary aims to be complete. It includes all words and most proper names from the text and commentaries. Idioms are cross-referenced. The following abbreviations have been used:

adj.	adjective	*ind*.	indicative
adv.	adverb	*m*.	masculine
art.	article	*n*.	noun
cond.	conditional	*part*.	participle
conj.	conjunction	*perf*.	perfect
def.	definite	*pl*.	plural
dem.	demonstrative	*pos*.	possessive
f.	feminine	*pres*.	present
fut.	future	*pron*.	pronoun
imp.	imperative	*sing*.	singular
imperf.	imperfect	*subj*.	subjunctive

*designates **h aspiré** (not marked with nouns)

A

à at, to, by, on, upon, for, from

l'abandon *m.* abandonment

abandonner to abandon, give up

l'abattoir *m.* slaughterhouse

l'abbaye *f.* abbey, monastery

abondamment abundantly

abord; d'abord at first

abordable accessible, moderate

aboutir to end, terminate in or at; to tend, converge

abréger to abridge, shorten

l'absence *f.* absence

absorber to absorb

l'Académie Française *f.* French Academy

académique academic

accélérer to accelerate, hasten, quicken

l'accent *m.* accent

acceptable acceptable

accepter to accept; to be willing

l'accident *m.* accident

accompagner to accompany

accorder to grant, give

l'accoutumée: à l'accoutumée as usual

l'accroissement *m.* growing

l'accueil *m.* reception, welcome

accueillir to receive, welcome

accumuler to accumulate, pile up

accusé, -e accused

l'achat *m.* purchase

acheter to buy

l'acheteur *m.* buyer

l'acier *m.* steel

acquérir to acquire

acquis, -e acquired

l'acrobate *m. and f.* acrobat

l'acteur *m.* actor

actif, active active

l'action *f.* action

l'activité *f.* activity, life, pursuit

l'actrice *f.* actress

actuel, actuelle actual; present

l'adepte *m. and f.* adept, disciple

l'administrateur *m.* administrator

admirable admirable

admiratif, admirative admirative

l'admiration *f.* admiration

admirer to admire

adolescent, -e adolescent

adonner; s'adonner to go for

adorable adorable

l'adresse *f.* address; skill

adulte adult

l'adversité *f.* adversity, misfortune

l'aération *f.* ventilation

aérien, aérienne aerial; **la compagnie aérienne** airline

l'aérodrome *m.* airport

les **affaires** *f. pl.* business; **les hommes d'affaires** businessmen

affecter to affect

afin de in order to

africain, -e African

l'âge *m.* age; **en bas âge** very young

âgé, -e aged, old

l'agence *f.* agency; **agence de voyage** travel bureau

l'agent *m.* agent; **l'agent de police** policeman

l'agglomération *f.* center of population, city with suburbs

agir to act; **s'agir de** to be a question of

l'agneau *m.* lamb

agrandir: s'agrandir to enlarge, to become larger

l'aide *m.* help

aigu, aiguë sharp; acute

l'aiguille *f.* needle

l'aile *f.* wing

ailé, -e winged

aille *pres. subj. of* **aller**

ailleurs elsewhere; **d'ailleurs** besides

aimer to like, love

ainsi thus

l'air *m.* air; tune

l'airain *m.* copper alloyed with tin

ajouter to add

les **alentours** *m. pl.* vicinity, neighborhood

l'aliment *m.* food

alimentaire food
l'allée f. alley, path
l'allemand m. German language
aller to go; s'en aller to go away
l'allocation f. benefit; subsidy
alloué, -e granted
allumer to light
l'allumette f. match
l'allure f. carriage, demeanor
alors then, at that time; alors que while, at the time when
alphabétique alphabetical
l'Alsace f. French province
l'amateur amateur, patron
ambitieux, ambitieuse ambitious
l'ambition f. ambition
ambulant, -e itinerant
améliorer to improve
aménager to arrange
amener to bring
amèrement bitterly
américain, -e American
l'ami m. friend
amical, -e (m. pl. amicaux) amicable, friendly
l'amitié f. friendship
l'amour m. love; l'amour-propre pride
amoureusement lovingly
amoureux, amoureuse in love; amorous
l'amphithéâtre m. amphitheater
l'ampoule f. bulb
amuser to amuse; s'amuser to enjoy oneself
l'an m. year
l'analogie f. analogy
l'ananas m. pineapple
ancien, ancienne ancient, old; former
l'âne m. donkey
l'anglais m. English language
l'angle m. angle; angle droit right angle
l'animal m. (pl. animaux) animal
l'animation f. animation
l'année f. year

l'anthropologie f. anthropology
anti-clérical, -e (m. pl. anti-cléricaux) anticlerical
l'antiquité f. antiquity
apercevoir to see, perceive
aperçoit pres. ind. of apercevoir sees
l'apéritif m. before dinner drink
l'apogée f. height, zenith, highest point
Apollinaire, Guillaume (1880–1918) French poet
apparaître to appear
l'appareil m. appliance, apparatus; machine; appareil photographique camera
l'appartement m. apartment
l'appel m. appeal, call; faire appel to appeal, call (upon)
appeler to call; s'appeler to be called
applaudir to applaud
appliquer to apply, enforce; s'appliquer to apply oneself
l'appointement m. salary
apprécier to appreciate
apprendre to learn
apprêter: s'apprêter to get ready, prepare
approcher to approach; s'approcher to draw near
âpre rough
après after; d'après according to
l'après-midi m. afternoon
l'arboriculture f. planting and management of trees
l'arbre m. tree
l'arc m. arch; arc
l'architecte m. architect
architectural, -e architectural
l'architecture f. architecture
les archives f. pl. archive
l'ardeur f. ardor
l'arène f. arena
l'argent m. silver; money
l'argot m. slang
Ariane the girl who helped Theseus out of the labyrinth

l'**aristocratie** *f.* aristocracy
l'**arme** *f.* arm
l'**armée** *f.* army
  arpenter to walk with long steps
l'**arrêt** *m.* stop **s'arrêter** to stop
arrivâmes *past def. of* **arriver**
  arrived
l'**arrivée** *f.* arrival
  arriver to arrive, come; to happen;
    arriver à + *inf.* to succeed,
    manage
l'**arrondissement** *m.* district
l'**art** *m.* art
l'**artère** *f.* artery; highway
l'**article** *m.* article
l'**artisan** *m.* artisan, craftsman
  artisanal, -e pertaining to an
    artisan
l'**artisanat** *m.* craftsmanship
l'**artiste** *m. or f.* artist
  artistique artistic
l'**as** *m.* ace, expert
l'**ascenseur** *m.* elevator
l'**ascension** *f.* ascension
  asiatique Asiatic
l'**aspirateur** *m.* vacuum cleaner
l'**assassin** *m.* murderer
l'**assaut** *m.* assault
l'**assemblée** *f.* assembly; l'**Assem-**
  blée Nationale National Assembly
  assez enough
  assiégé, -e besieged
  assimiler assimilate
  assis, -e *past part. of* **asseoir** seated,
    sitting
  assister to attend
l'**association** *f.* association
  assorti, -e assorted
  assurer to assure, ensure
  astucieux, astucieuse cunning,
    crafty
  asymétrique asymmetrical
l'**atelier** *m.* studio; shop
l'**athlète** *m. or f.* athlete
l'**athlétisme** *m.* athleticism
l'**Atlantique** *m.* Atlantic (ocean)
l'**atmosphère** *f.* atmosphere

attacher to attach, tie; **s'attacher**
  to pay exclusive attention
attaquer to attack
attarder to delay; **s'attarder** to lin-
  ger behind
atteignent *pres. ind. of* **atteindre**
  reach
atteindre to reach
attendant *pres. part. of* **attendre**
  waiting
attendre to wait; **s'attendre à** to
  expect
l'**attente** *f.* waiting
l'**attention** *f.* attention
atterrir to land
l'**atterrissage** *m.* landing
Attila King of the Huns in 445, died
  in 453
attirer to attract
l'**attitude** *f.* attitude
au at the, in the, to the, during
l'**aube** *f.* dawn, daybreak
aucun, -e no, any; **aucun ... ne**
  no, not one, not any
au-dessous below, beneath
au-dessus above
aujourd'hui today
aussi also; therefore, consequently;
  aussi bien que as well as
austère austere
autant as much, as many; **autant**
  que as much as
l'**autel** *m.* altar
l'**auteur** *m.* author
l'**autobus** *m.* bus
l'**automate** *m.* automat
l'**automne** *m.* autumn, fall
l'**automobile** *f.* auto, car
autoriser to authorize
autoritaire dictatorial, overbearing
l'**autorité** *f.* authority
autour around
autre other
autrefois formerly, in the past
aux to the, at the; during; with
avancer to advance
avant before
l'**avantage** *m.* advantage

V

avec with

aventurer: s'aventurer to venture out

aventureux, aventureuse adventurous, rash

l'**avenue** *f.* avenue

avérer: s'avérer to be proved

avide avid

l'**avion** *m.* plane

avions *imperf. of* avoir

l'**avis** *m.* advice; opinion

avoir to have

avouer to confess

ayant *pres. part. of* avoir having

l'**azur** *m.* skyblue; blue sky

B

le **badaud** gaper, loafer

le **bagage** baggage, luggage

la **baie** bay window

bâiller to yawn

le **baiser** kiss

baisser to diminish; **se baisser** to bend over

le **bal** ball, dance

balancer to swing

la **ballade** ballad

le **ballet** ballet

Balzac, Honoré de (1799–1850) French writer

banal, -e common

la **banane** banana

le **banc** bench

la **bandoulière** shoulder belt; **en bandoulière** over the shoulder

la **banlieue** outskirts

baptisé, -e baptized

le **bar** bar

barbare barbaric

la **barbe** beard

barbu, -e bearded

baroque irregular; odd, strange

la **barricade** barricade

bas, basse low

le **bas: au bas** at the bottom

la **base** basis; lower part

la **basilique** basilica

le **bas-relief** bas-relief, low relief

le **bassin** basin; pool

le **bateau** boat; **le bateau-mouche** small boat used for sight-seeing on the Seine

le **batelier** boatman

le **bâtiment** building

la **bâtisse** building

le **bâtisseur** builder

le **bâton** stick; **à bâtons rompus** by fits and starts, without order

battu *past part. of* battre beaten

Baudelaire, Charles (1821–1867) French poet, author of *Les Fleurs du Mal*

beau, belle (*m. pl.* **beaux**) beautiful

beaucoup much, many, a lot (of)

la **beauté** beauty

bénédictin, -e Benedictine

le **bénéfice** benefit; profit

bénéficier to benefit, profit

le **berceau** (*pl.* **les berceaux**) cradle

Bergson, Henri (1859–1941) French philosopher

Berlioz, Hector (1803–1869) French composer

la **besogne** work, chore

le **besoin** need; **avoir besoin de** to need

le **beurre** butter

la **bibliothèque** library; bookcase

la **bicyclette** bicycle

bien well, good; **bien** + *partitive* much, many; **bien que** although

bientôt soon

la **bière** beer

le **bijoutier** jeweler

bizarre, whimsical, strange, singular

bizarrement strangely

Bizet (1838–1875) French composer

blanc, blanche white

blasé, -e indifferent

le **blé** wheat

bleu, -e blue

blond, -e blond

blotti, -e hidden

la **blouse** blouse, smock

le **bœuf** ox

le **bohème** unconventional person;
gypsy
boire to drink
le **bois** wood, woods
la **boîte** box; place of work
bon, bonne good, kind; **de bonne
heure** early
le **bonheur** happiness
la **bonhomie** good nature
le **bord** edge; bank (of a river)
bordé, -e lined
la **bordure** edge
le **bosquet** grove
le **bottin** telephone book; directory
la **bouche** mouth
bouché, -e obstructed
la **boucherie** butchershop
la **boucle** lap; turn
la **boulangerie** bakery
le **boulevard** boulevard
le **bouquiniste** dealer in old books
le **bourgeois** bourgeois
la **bourgeoisie** bourgeoisie, middle-
class
la **bourse** purse; scholarship
le **bout** end; **de bout en bout** from
beginning to end
la **boutade** sally
la **boutique** boutique, shop
le **bracelet** bracelet
Braque, Georges (1882–1963)
French painter
le **bras** arm
la **brasserie** brewery; restaurant
briller to shine
la **brique** brick
brisé, -e broken
broder to embroider
broncher to trip; to falter
le **brouillard** fog
Bruant, Aristide (1851–1925)
French song writer
le **bruit** noise; rumbling
brûler to burn
brun, -e brown
bruyant, -e noisy
le **budget** budget
le **bureau** office; desk

le **buste** bust, torso
le **but** goal, objective
but *past def. of* **boire**
la **butte** small hill

C

ça *colloquial form of* **cela** that
la **cabane** hut, shed
le **cabaret** café, night club
le **cadeau** gift
cadencé, -e rhythmical, cadenced
le **cadre** frame; organization
calculé, -e calculated
calme calm
le **camarade** friend
le **camion** truck
le **camp** camp; team
la **campagne** country
campèrent *past def. of* **camper**
camped
le **canal** (*pl.* **les canaux**) canal
la **candeur** candor
la **cantine** canteen
capable capable, able
la **cape** cape
la **capitale** capital
capituler to capitulate
capricieux, capricieuse capri-
cious; whimsical
capter to catch, collect
Capus, Alfred (1858-1922) novelist
and dramatist
car for, because
le **car** bus
le **caractère** character, characteristic
caractériser to characterize
caractéristique characteristic
le **caramel** caramel; **la crème caramel** caramel custard
la **carcasse** carcass; shell
Carco, Francis Carcopino (1886–
1958) French author of poems and
novels
le **carnet** notebook
le **carré** square
le **carrefour** crossroad
la **carrière** career

le **carrosse** carriage
la **carrosserie** body (of a car)
le **carrousel** merry go round
la **carte** card; **la carte postale** postcard
le **cas** case; **en tout cas** in any case
la **caserne** barrack
catastrophique catastrophic
le **catéchisme** catechism
la **cathédrale** cathedral
catholique catholic
causer to cause; to talk
la **causerie** chatting
ce *pron.* it, he, that
ce *adj.* this, that
ceci this
cela that
célèbre famous
la **célébrité** celebrity
le **céleri** celery
celle *dem. pron. f.* the one; **celle-ci** *f.* this one; the latter; **celles-là** (*f. pl.*) those
celui *dem. pron. m.* the one; **celui-ci** *m.* this one, the latter
les **cendres** *f. pl.* ashes
la **centaine** about one hundred
centenaire centenary; hundred years old
central, -e central
la **centralisation** centralization
le **centre** center
cependant however, nevertheless; meanwhile
la **cérémonie** ceremony
cerné, -e surrounded
certain, -e certain
certes surely, indeed
la **certitude** certainty
ces *m. or. fem. pl.* these, those
cesser to stop, cease
cet *form of* **ce** *before a vowel or mute h* that, this
cette *fem. form of* **ce** this, that
ceux *m. pl.* those
Cézanne, Paul (1839–1906) Impressionist French painter
chacun, -e each

le **chahut** disturbance, noise, shindy
la **chaîne** chain
le **chaînon** link
la **chaise** chair
la **chaleur** heat
la **chambre** room
le **champ** field; **le champ de courses** race track
le **champignon** mushroom
le **champion** champion
le **championnat** championship
la **chance** luck; **avoir de la chance** to be lucky
changer to change, vary
le **chanoine** canon
la **chanson** song
le **chansonnier** song-writer
le **chant** song
chanter to sing
le **chanteur** singer
le **chapeau** hat
chaque each
le **charbon** coal
la **charge** charge; load; office
chargé, -e full; entrusted, given the responsibility
charger to load
charmant, -e charming
le **charme** charm
le **charpentier** carpenter
la **charrette** cart
chasser to chase; to hunt
le **chat** cat
le **château** castle
le **chateaubriand** tenderloin steak
le **chauffage** heating
le **chauffeur** chauffeur, driver
le **chef** chief; chef
le **chef-d'œuvre** (*pl.* **les chefs-d'œuvre**) masterpiece
le **chemin** road, path; **le chemin de fer** railroad
la **chemise** shirt
le **chêne** oak tree
cher, chère dear; expensive
chercher to look for, seek
le **cheval** (*pl.* **les chevaux**) horse

la **chèvre** goat
chez at the home of, at
le **chic** stylishness
le **chien** dog
le **choc** shock; blow
le **chœur** choir
choisir to choose
le **choix** choice
le **chômage** unemployment
la **chopine** small bottle
chorégraphique choreographic
la **chose** thing
le **chou** cabbage; **le chou à la crème** cream puff; **le chou-fleur** (*pl.* **les choux-fleurs**) cauliflower
la **choucroute** sauerkraut; sauerkraut with pork
la **chute** fall
le **ciel** sky
la **cigarette** cigarette
le **cimetière** cemetery
le **cinéma** movie house
cinq five
la **circonférence** circumference
la **circulation** traffic
circuler to move on
le **cirque** circus
le **citadin** townsman
la **cité** city
citer to cite, quote
le **citoyen** citizen
le **citron** lemon
la **civilisation** civilization
clair, -e clear, light
la **clameur** outcry
la **clarté** clarity
la **classe** class
classique classical
la **clémentine** tangerine
le **client** client; customer
la **clientèle** clientele, patronage
le **climat** climate
climatisé, -e air-conditioned
le **clocher** steeple
clouté, -e studded with nails
le **club** club
cocasse funny, comical
le **code** code

le **cœur** heart; center; core
le **coin** corner
la **colère** anger
collaborer to collaborate
collectif, collective collective
la **collection** collection; assortment; fashion display
le **collègue** colleague
coller to glue, paste
la **colline** hill
la **colonie** colony
la **colonne** column
coloré, -e colored
combien how much, how many
la **Comédie Française** French Comedy, a theater in Paris
le **comédien** comedian, actor
la **commande** order
comme as; like
commémoratif, commémorative commemorative
commémorer to commemorate
commencer to start, begin
comment how
le **commentaire** commentary
commenter to comment
le **commerçant** businessman, shopkeeper
le **commerce** commerce, trade
commercial, -e commercial
le **commissaire** commissary; police captain
commode convenient, easy
la **commune** township, community, city government in Paris (1871)
communément commonly
la **communication** communication
communiste communist
la **compagnie** company
comparer to compare
compatissant, -e compassionate, tenderhearted
compenser to compensate
compléter to complete
complexe complex
la **composition** composition
la **compote** stewed fruit
comprendre to understand

compris *past part. of* comprendre
le **compte** account; **à mon compte** at
my expense
compter to count
le **compte rendu** account
concentrer to concentrate
concerner to concern
le **concert** concert
le (la) **concierge** doorkeeper
la **Conciergerie** ancient prison in
Paris
conclure to conclude
le **concours** contest; competitive
examination
concret, concrète concrete
conçu *past part. of* **concevoir**
conceived
le **concurrent** contestant
condamné, -e sentenced
la **condition** condition
le **conducteur** conductor
conduire to lead; to take
conduisirent *past def. of* **conduire**
la **conférence** lecture
conférer to confer; to give, grant
la **confiance** confidence; **en toute
confiance** with full confidence
confiner to confine, shut up
le **conflit** conflict
le **conformisme** conformism
confortable comfortable
confortablement comfortably
le **confrère** colleague
confus indistinct
congratuler to congratulate
la **connaissance** knowledge, acquain-
tance
le **connaisseur** connoisseur, good
judge
connaître to know, experience
connu *past part. of* **connaître**
consacré, -e consecrated; devoted
le **conseil** advice; council
conseiller to advise
la **conséquence** consequence, result
le **Conservatoire** Conservatory,
school of music in Paris
considérable considerable

considérer to consider, look upon
consister to consist
constant, -e constant
constater to ascertain; to prove,
verify
constituer to constitute; to form
la **construction** construction,
building
construire to build, erect
construit *past part. of* **construire**
consulter to consult
le **contact** contact
le **conte** tale; short story
contempler to contemplate
contemporain, -e contemporary
contenir to contain
content, -e content, glad, pleased
contenter to satisfy, please; **se
contenter** to be satisfied
le **contenu** contents
le **continent** continent
continuel, continuelle continuous
continuer to continue
la **continuité** continuity
le **contraire** contrary, opposite; **au
contraire** on the contrary
la **contrariété** opposition; contradic-
tion; annoyance
le **contraste** contrast
la **contravention** infraction; ticket
contre against
contribuer to contribute
la **contribution** contribution
la **contrition** contrition, repentance
convaincre to convince
convenir to suit
convenu *past part. of* **convenir**
agreed
converti, -e converted
convier to invite
le **copain** pal, chum
copieux, copieuse copious,
plentiful
la **corbeille** basket
Corot, Jean-Baptiste (1796–1875)
French painter
la **corporation** corporation
le **corps** body

la **correspondance** correspondence; connection

correspondre to correspond; to agree, suit, fit

corroder to wear away; to eat away

la **corruption** corruption

le **corselet** light cuirass

le **costume** suit

la **côte** chop; coast

le **côté** side; **de l'autre côté** on the other side

le **coteau** slope

la **côtelette** chop

coucher: se coucher to go to bed

le **coude** elbow

couler flow, run

la **couleur** color

le **couloir** corridor

le **coup: d'un coup** at once; all at once

le **coupable** guilty one

la **coupe** cutting

couper to cut; **couper le souffle** to leave breathless

le **couple** couple

le **couplet** verse, stanza; **les couplets** song, verses

la **coupole** dome

la **cour** court

le **courage** courage

le **courant** course (of affairs); passing

courant *pres. part. of* **courir** running

le **coureur** runner

courir to run; **se courir** to be run

le **cours** course; **au cours de** during

la **course** race; errand

court, -e short

court *pres. ind. of* **courir** runs

le **coût** cost, price

coûter to cost

coûteux, coûteuse expensive, costly

la **coutume** custom

la **couture** sewing; ladies' tailoring

le **couturier** designer of clothes

couvé incubated; lovingly prepared

la **couverture** cover, blanket

couvrir to cover

craindre to fear

le **crayon** pencil

le **créateur** creator

la **création** creation

créer to create

la **crèmerie** dairy shop

la **crêpe** pancake

le **creux** hollow; pit

crever to burst; to die (of animals)

le **cri** shout, cry

crier to shout

le **criminel** criminal

critique critical

critiquer to criticize

croient *pres. ind. of* **croire**, believe, think

croire to believe, think

croiser to cross

la **croissance** growth

le **croquis** sketch

croyable credible

cru *past part. of* **croire** believed, thought

cruel, cruelle cruel

crut *past def. of* **croire** believed, thought

le **cube** cube

le **cuir** leather

cuire to cook

la **cuisine** kitchen; cooking, cuisine

cuit *past part. of* **cuire** cooked

culinaire culinary

le **culte** cult

cultiver to cultivate, grow; **se cultiver** to study; to grow

la **culture** culture

le **curé** priest

curieux, curieuse curious

la **curiosité** curiosity

le **cyclisme** cycling

D

la **dame** lady

le **danger** danger

dangereux, dangereuse dangerous

dans in, into

la **danse** dance, ball
danser to dance
le **danseur** dancer
la **date** date
dater to date
davantage more
de from, of; with, in, concerning, by
déambuler to walk about
débarrasser: se débarrasser to get rid of
débattre to debate, dispute
débordant, -e overflowing
debout standing up
Debussy, Claude (1862–1918) French composer
le **début** debut; beginning
débuter to start
la **décadence** decadence, decline
décadent, -e decadent
décapité, -e beheaded
décentraliser to decentralize
la **déception** deception, disappointment
décevoir to disappoint
décharger to unload
décider to decide
décoller to take off
déconfit, -e puzzled
décoratif, décorative decorative
la **décoration** decoration; embellishment, ornament
le **décorum** decorum
la **découverte** discovery
découvrîmes *past def. of* **découvrir** discovered
découvrir to discover
décrire to describe
déçu, -e disappointed
la **déesse** goddess
la **défaite** defeat
le **défaut** lack, want, deficiency; defect; **faire défaut** to lack
défendre to defend; to forbid
la **défense** defense; **prendre la défense** to champion the cause
défier to defy
le **défilé** filing off, parade
la **définition** definition

déformer distort
dégager: se dégager to emerge; to free itself
Degas, Edgar (1834–1917) French painter
déguiser to disguise
dehors outside
déjà already
le **déjeuner** lunch; **le petit déjeuner** breakfast
déjeuner to lunch, have lunch
délicat, -e delicate
Delphes Delphi
demain tomorrow
la **demande** demand; request
demander to ask
la **démarche** step; proceeding
démarrer to move off
la **demeure** habitation, dwelling
demeurer to live; to stay
démolir to demolish, tear down
le **démon** demon, devil
démontrer to demonstrate, prove
dénoter to denote, indicate
la **dent** tooth
la **dentelle** lace
le **départ** departure
départemental, -e (*m. pl.* **departementaux**) departmental
dépasser to go beyond
la **dépense** expense
dépenser to spend
déplorable deplorable
déplorer to regret
dépourvu, -e devoid; destitute
déprimant, -e depressing
depuis since
dernier, dernière last
dérouler: se dérouler to take place
derrière behind
Descartes, René (1596–1650) French philosopher and mathematician
désert, -e deserted
désigner to designate; **désigner du geste** to indicate by a gesture
désintéresser: se désintéresser to lose interest

désinvolte easy, unconstrained
la **désinvolture** thoughtlessness,
   carelessness
désirant *pres. part. of* **désirer**
   wishing
désœuvré, -e idle
désolé, -e sorry
désormais henceforth
Despiau, Charles (1874–1946)
   French sculptor
le **dessert** dessert
desservi, -e served; serviced
le **dessin** drawing
le **dessinateur** designer, draughtsman
dessiner to design, draw
destiné, -e intended, meant
détacher to alienate, wean away;
   se détacher to stand out
le **détail** detail
détailler to relate in detail; to
   retail
le **détour** detour
le **détriment** disadvantage
détruire to destroy; to do away
   with
détruit, -e destroyed
deux two
deuxième second
devait *imperf. of* **devoir** must have
devant in front of
développer to develop, give rise (to)
   se développer to develop
devenir to become
déverser to pour; to cause to flow
   out
devint *past def. of* **devenir** became
deviser to talk
dévoiler to unveil
le **devoir** duty; homework
différencier to differentiate
différent, -e different
différer to differ
difficile difficult
la **difficulté** difficulty, problem
diffuser to spread
la **diffusion** wide distribution
le **dimanche** Sunday
la **dimension** dimension

diplôme diploma
dire to say, tell
la **direction** direction
dirigé, -e directed
diriger to direct; aim
le **disciple** disciple
discipliné, -e disciplined
discrètement discreetly
la **discrétion** discretion
la **discussion** discussion, argument
disparaître to disappear
disparu *past part. of* **disparaître**
   disappeared
disputer to strive; contend for
dissemblable different
disséminer to disseminate; scatter
dissimuler to conceal, disguise
la **distance** distance
distinguer to distinguish
la **distraction** distraction, diversion
distribuer to distribute
le **distributeur** distributor, dispenser
la **distribution** cast
dit *past def. of* **dire** said
divers, -e varied
la **diversion** diversion
divisé, -e divided
dix ten
le **document** document
dois *pres. ind. of* **devoir** (I) must
doit *pres. ind. of* **devoir** (he she, it)
   must
doivent *pres. ind. of* **devoir** must,
   are forced to
le **domaine** domain, land, estate; field,
   subject
le **domestique** servant
dominer to dominate, predominate;
   to overlook, command
dominical, -e dominical
le **dommage** damage; **c'est bien**
   dommage that is too bad
dompté, -e tamed
donc therefore
Donnay, Maurice (1859–1945)
   French dramatist
donner to give, present; to give rise
   to

dont of which, whose; with whom
doré, -e golden
Dorgelès, Roland (1886–   ) French writer
la **dose** dose
la **douane** customs
double double
doucement softly
la **douceur** mildness
la **douche** shower-bath
doué, -e endowed; gifted
la **douleur** sorrow; pain
le **doute** doubt; **sans doute** undoubtedly
le **dramaturge** dramatist
le **drapier** clothier
dresser to draw up; **dresser procès-verbal** to give a ticket; issue a summons
le **droit** right; law
la **droite** right; **sur ma droite** on my right
drôle funny
du (de+le) from; of the; with
dû *past part. of* **devoir** owed
le **duc** duke
la **duchesse** duchess
Dufy, Raoul (1878–1953) French painter
Dullin, Charles (1885–1949) actor and director of French theater
dur, -e hard
durant during
la **durée** duration
durer to last

E

l'**eau** *f.* water; **l'eau de vie** brandy
ébattre: s'ébattre to frolic; to play, divert oneself
ébloui, -e dazzled
ébranlé, -e weakened
écarlate scarlet, bright red
l'**écart** *m.*: **à l'écart** apart; out of the way
écarter: s'écarter to draw aside
ecclésiastique ecclesiastical

échanger to exchange
échapper to escape
l'**échec** *m.* defeat, failure
l'**échelle** *f.* ladder; scale
l'**écho** *m.* echo
échu *past part. of* **échoir** given; befallen, fallen due
l'**éclair** *m.* lightning
l'**éclaircissement** *m.* clearing up
l'**éclat** *m.* light; brilliance
éclater to burst
éclos, -e hatched; opened, blossomed
l'**école** *f.* school; **faire école** to have disciples; **l'École des Beaux-Arts** *f.* Art school
l'**économie** *f.* saving
économiser to save
écouler: s'écouler to run out; to flow
écouter to listen to
écrier: s'écrier to cry out
l'**écrin** *m.* jewel case
écrire to write
écrit, -e written
l'**écrivain** *m.* writer, author
l'**écurie** *f.* stable
l'**édifice** *m.* building
l'**éditeur** *m.* editor; publisher
l'**édition** *f.* edition; **la maison d'édition** publishing house
effectivement effectively; indeed, really
effectuer to carry out
l'**effet** *m.* effect; **en effet** indeed
l'**efficacité** *f.* efficiency, efficacy
efforcer: s'efforcer to try hard
l'**effort** *m.* effort
l'**égard** *m.* respect, consideration; **à cet égard** in that respect
l'**église** *f.* church
égyptien, égyptienne Egyptian
élaboré, -e elaborated, explained in detail
l'**élan** *m.* enthusiasm, transport
électrique electrical
l'**élégance** *f.* elegance
élégant, -e elegant

l'**élément** *m.* element
l'**élève** *m. or f.* pupil
élevé, -e high
élever to raise, bring up; to build; **s'élever** to rise
l'**élite** *f.* elite
elle she, her; **elle-même** herself; itself; **elles** they; them
éloigné, -e distant
élu, -e elected
embarrasser to obstruct; **s'embarrasser** to concern oneself
embaumer to perfume, scent
embellir to embellish
emblée: d'emblée at the onset
l'**emblème** *m.* emblem
l'**embouteillage** *m.* traffic jam
embrasser to kiss; to embrace
émettre to issue
l'**émotion** *f.* emotion
émouvant, -e moving
emparer: s'emparer to seize upon, take possession
empêcher to prevent
l'**empereur** *m.* emperor
l'**empiétement** *m.* encroachment; invasion
l'**emplacement** *m.* site, place, ground
l'**emplette** *f.* purchase
l'**emploi** *m.* use
emploient *pres. ind. of* **employer** use
l'**employeur** *m.* employer
emporter to take away
empressé, -e attentive, assiduous
empresser: s'empresser to be eager, be in a hurry
en *pron.* of it; some; *prep.* in, into; at; while, during, by
encadré, -e framed
l'**enceinte** *f.* enclosure
l'**enchantement** *m.* magic, delight
l'**enchevêtrement** *m.* entanglement; intricacy
encombrant, -e bulky, cumbersome
encore still, even, some more, still more

encourager to encourage, abet
l'**encyclopédie** *f.* encyclopedia
l'**endroit** *m.* place
l'**énergie** *f.* energy
énervant, -e enervating
l'**enfance** *f.* childhood
l'**enfant** *m. or f.* child; **les petits enfants** grandchildren
enfin finally
enflammer to set on fire; to inflame, animate
engager to involve; **s'engager** to promise
l'**engin** *m.* instrument, tool; engine
l'**engouement** *m.* enthusiasm
enjoué, -e gay
enlacé, -e enlaced; interwoven
enlever to take away
l'**ennemi** *m.* enemy, foe
ennuyer to bother, annoy
enrouer: s'enrouer to become hoarse
l'**enseignement** *m.* teaching
l'**ensemble** *m.* the whole; **dans l'ensemble** altogether
ensuite then, later
ensuivre: s'ensuivre to follow, ensue
entasser: s'entasser to pile up
entendre to hear; to mean
enterrer to bury
l'**enthousiasme** *m.* enthusiasm
entier, entière complete, entire, all of
entourer to surround
en train de on the road to, in the act of
entraîné, -e dragged
l'**entraînement** *m.* training, practice
entrecroiser: s'entrecroiser to crisscross
l'**entrepôt** *m.* warehouse
entrer to enter, come in, go in
entretenu *post part. of* **entretenir** kept
l'**entretien** *m.* repair, preservation; upkeep
entrevoir to have a glimpse

énumérer to enumerate

envahir to invade

l'**envie** *f.* envy, desire: **avoir envie** to feel inclined

environ about, approximately

environner to surround, engulf

envisager to consider

l'**envoi** *m.* dispatch

envoler: s'envoler to fly away

envoûtant, -e bewitching, casting a spell

envoyer to send

épais, épaisse thick

épargner to spare

l'**éparpillement** *m.* scattering, spreading, dispersion

l'**épaule** *f.* shoulder

éphémère ephemeral

l'**épicerie** *f.* grocery store

Épinal city in Eastern France

les **épinards** *m. pl.* spinach

l'**époque** *f.* epoch, era

épouser to marry, wed

l'**épreuve** *f.* test, competition

éprouver to feel, to experience

épuisant, -e exhausting

l'**équipage** *m.* equipment; vehicle, crew

l'**équipe** *f.* team

l'**équitation** *f.* horseback riding

équivalent, -e equivalent

l'**érection** *f.* erection; act of building

ériger to erect

errer to err, to wander

erroné, -e erroneous

l'**érudition** *f.* scholarship, erudition

l'**escalier** *m.* stairs

l'**escargot** *m.* snail

l'**esclave** *m. or f.* slave

l'**espace** *m.* space

l'**Espagne** *f.* Spain

espagnol, -e Spanish

l'**espèce** *f.* sort, kind

l'**espérance** *f.* hope

espérer to hope

l'**espoir** *m.* hope

l'**esprit** *m.* mind; spirit

l'**essai** *m.* essay; experiment

essayer to try, seek, attempt; to try on

essentiel, essentielle essential

l'**est** *m.* east

esthétique aesthetic

estimer to estimate

l'**estomac** *m.* stomach

établir to establish

l'**établissement** *m.* establishment

l'**étage** *m.* floor, story

l'**étain** *m.* pewter

était *imperf. of* **être** was

étaler: s'étaler to spread out

l'**étape** *f.* stage, halting place

les **États-Unis** *m. pl.* United States

l'**été** *m.* summer

éteint, -e, extinguished

étendre: s'étendre to expand, go beyond; to lie down

éternel, éternelle eternal

l'**éternité** *f.* eternity

l'**ethnographie** *f.* ethnography

l'**étincelle** *f.* sparkle

l'**étoile** *f.* star

étonnant, -e astonishing

étonner to surprise; **s'étonner** to wonder at

étrange strange

étrangement strangely

étranger, étrangère foreign

l'**être** *m.* being

être to be

l'**étreinte** *f.* embrace

étroit, -e narrow

l'**étude** *f.* study

l'**étudiant** *m.* student

étudier to study

eûmes *past def. of* **avoir** had

européen, européenne European

eux *m. pl.* them; **eux-mêmes** *m. pl.* themselves

évader: s'évader to escape

évalué, -e valued

l'**évasion** *f.* evasion, escape

éveiller: s'éveiller to wake up

l'**événement** *m.* event

l'**évêque** *m.* bishop

évidemment evidently
évident, -e obvious
évité, -e avoided
évocateur, évocatrice evocative, soulstirring
l'évocation *f.* evocation, calling up
évoluer to evolve, develop, change
l'évolution *f.* evolution
évoquer to evoke, conjure up
exact, -e exact, precise
exactement exactly
l'exaltation *f.* exaltation
l'examen *m.* examination
l'excellence *f.* excellency
exceptionnel, exceptionnelle exceptional
excessif, excessive extreme
exciter to urge, incite; to stimulate
l'exclamation *f.* exclamation
exclamer: s'exclamer to exclaim, cry out, shout
l'exclusivité *f.* exclusivity
exécuter: s'exécuter to do what you are told
l'exécution *f.* execution
l'exemple *m.* example; par exemple for example
exercer to exercise
exhibant exhibiting, showing
exiger to demand, require
exister to exist; to be
expédié, -e sent
l'explication *f.* explanation
expliquer to explain
l'exploit *m.* exploit, deed
l'explorateur *m.* explorer
l'exposé *m.* statement, recital, exposition
exposer to expose
exprès, expresse plain, manifest
l'expression *f.* expression
exprimer to express
l'extension *f.* extension
extérieur, -e outside
extraordinaire extraordinary
extrêmement extremely

F

la fabrication making
la façade façade, front
la face face
facile easy
facilement easily
la facilité facility, ease
la façon fashion, manner
la Faculté school (part of a university)
la faim hunger
faire to do; to make; faire des courses to run errands
faisait *imperf.* of faire
le fait fact
falloir to have to; to be needed
fallu *past part.* of falloir; il aurait fallu demeurer one would have had to stay
fameux, fameuse famous
familial, -e family
familier, familière familiar
familièrement familiarly
la famille family
fantasque fanciful; odd
fantastique fantastic
la farce farce; stuffing
farouche fierce, austere
fasciner to fascinate
fastidieux, fastidieuse fastidious
fatigué, -e tired
le faubourg outer part of town
faufiler: se faufiler to thread one's way
la faune fauna
fausser to break, violate; fausser compagnie to give the slip
faut *pres. ind.* of falloir; il faut it is necessary
le fauteuil armchair, seat
fautif, fautive at fault
faux, fausse false
Favart, Charles Simon (1710–1792) French dramatic poet
la féerie enchantment
féminin, -e feminine
la femme woman; wife

xvii

fendre to split
la **fenêtre** window
le **fer** iron
  féroce ferocious
la **ferraille** scrap iron
  ferroviaire *adj.* railroad
  fervent, -e earnest, fervent
le **festin** feast
le **festival** festival
  festonner to scallop, adorn with
    festoons
  fêté, -e celebrated
le **feu** fire
la **feuille** leaf
  fidèle faithful, loyal
  fier, fière proud
la **fierté** pride
la **fièvre** fever
le **figurant** generally a character in a
    play who does not speak
la **figure** face; figure
  figuré, -e figured
le **fil** thread
la **file** line
la **fille** daughter; **la jeune fille** girl,
    young woman
le **film** film
le **fils** son
la **fin** end; **la fin de semaine** weekend
  fin, -e fine, delicate
  final, -e final
  financé, -e financed
  financier, financière financial
  finir to finish, end
  firent *past def. of* **faire** made
  fixe fixed, determined
le **flambeau** torch
la **flamme** flame
le **flanc** flank, side
  flatteur, flatteuse flattering
la **flèche** spire; arrow
  flétri, -e withered, faded
la **fleur** flower, blossom
  fleuri, -e blossomed, in bloom
le **fleuve** river
le **flic** cop
  flirter to flirt
  floral, -e relating to flowers

le **flot** wave
la **flotille** fleet
  fluide fluid, liquid
  Foch, Ferdinand (1831–1929)
    French marshal
le **foie** liver
la **foire** fair
la **fois** time, occasion; **à la fois** at the
    same time
  folâtre playful, frolicsome
  folâtrer to frolic
la **fonction** function
le **fond** bottom; back, background
  fondamental, -e fundamental
  fondant, -e melting
  fondé, -e founded
  fondre to melt
  font *pres. ind. of* **faire** do, make
le **football** football
le **footing** walking
la **force** force; strength
la **formation** formation
  former to form, train, organize
  formuler to state, express
  fort *adv.* very, greatly
  fort, -e strong
la **forteresse** fortress
la **fortune** fortune, wealth
la **foule** crowd
  fouler to press, crush; to trample,
    tread, walk on
la **fournée** batch
le **foyer** center, home
  fragile fragile
la **fraîcheur** freshness
les **frais** *m. pl.* expenses
le **franc** franc
  français, -e French
la **France** France
  France (**Anatole Thibaut,** dit),
    (1844–1924) Famous French
    writer
  franchir to leap over; to overcome
la **franchise** frankness
le **fratricide** fratricide; crime of mur-
    dering a brother
  frémir to quiver
le **frère** brother

frit, -e fried
froid, -e cold
froisser to rumple, wrinkle, crease;
  se froisser to get wrinkled
le **fromage** cheese
le **front** forehead
la **frontière** border
le **fronton** fronton, pediment
le **fruit** fruit
la **fruiterie** vegetables and fruit store
  fuir to flee
  fumer to smoke
  fûmes *past def. of* **être** were
  fuser to spread; to spirt
  fusillé, -e shot
  fut *past def. of* **être** was
la **futilité** futility, frivolity

G

  gagner to earn; to win
la **gaîté** gaiety
la **galerie** roofed promenade
la **gamme** gamut, scale; series
le **garage** garage
  garantir to warrant, guarantee,
  ensure
le **garçon** boy; waiter
la **garde** guard; protection
  garder to keep, retain
le **gardien** guardian, guard; **le gardien
  de la paix** policeman
la **gare** station; **la gare d'Austerlitz**
  a station in Paris
  garer to park
  garni, -e garnished; furnished
la **garniture** garnish
  gastronomique gastronomic
  gâté, -e spoiled
la **gauche** left
  Gauguin, Paul (1848–1903) French
  painter
  gaulois, -e Gallic
le **gazon** fine grass
  géant, -e giant
la **gelée** jelly
  gênant, -e troublesome, embarras-
  sing

la **gendarmerie** French national
  police
  gêné, -e embarrassed
  général, -e (*m. pl.* **généraux**)
  general
la **génération** generation
  généreux, généreuse generous
  génial, -e showing genius
le **génie** genius
le **genre** form, kind
les **gens** *m. pl.* people; members
la **gentillesse** kindness, gracefulness
  gentiment nicely, kindly
  géographique geographic
  gérer to manage
le **geste** gesture
  gigantesque gigantic
le **giron** bosom
la **glace** ice cream
le **globe** globe
la **gloire** glory
la **gorgée** draught; mouthful
  gothique Gothic
le **goût** taste
la **grâce** gracefulness; **grâce à** thanks
  to
  gracieux, gracieuse gracious,
  graceful
  grand, -e big, large, tall; **pas grand'
  chose** not much
la **grandeur** greatness
  grandiose grand, majestic
  grandir to grow
  grandissant, -e growing
  gras, grasse fat
  gratiné, -e covered with bread-
  crumbs and browned in the oven
  grave grave, serious
la **gravité** seriousness
  gré: bon gré mal gré willy nilly
  grec, grecque greek
la **grève** strike
la **grillade** broiled meat
la **grille** gate
  grillé, -e broiled; toasted
  grimper to climb
la **grive** thrush
  gronder to rumble; to scold

gros, grosse big, fat
grossièrement rudely
grotesque grotesque
grouillant, -e swarming with, full of
le groupe group
guère: ne ... guère hardly, hardly
    ever
la guerre war
le guide guide
le Guignol puppet-show
guillotiné, -e guillotined, beheaded
le guitariste guitarist

H

l'habitant m. inhabitant
habité, -e inhabited
habiter to live, reside
l'habitude f. habit; comme d'habi-
    tude as usual
l'habitué m. regular customer
habituel, habituelle habitual
habituellement usually
la haine hatred, hate
*haleter to pant
la halle market place
halluciné -e hallucinated
la halte stop
le hangar hangar, shed
le hanneton June-bug
*hardi, -e bold, audacious
le hareng herring
le haricot bean
l'harmonie f. harmony
harmonieux, harmonieuse har-
    monious
le hasard hazard; chance; au hasard
    at random; par hasard by chance
le haut top; au-haut at the top; de
    là-haut from up there; haute
    de 320 mètres 320 meters high
l'hectare m. 2.47 acres
hermétique hermetical
le héros hero
hésiter to hesitate
l'heure f. hour; time
heureusement fortunately, happily
heureux, heureuse happy

le heurt shock, collision
hier yesterday
la hiérarchie hierarchy
l'hiéroglyphe m. hieroglyph, old
    Egyptian Script
l'hirondelle f. swallow
l'histoire f. history; story
l'historien m. historian
historique historical
l'hiver m. winter
Hoche, Lazare (1768–1797) French
    general
l'homme m. man
l'honneur m. honor
honorable honorable
la honte shame; avoir honte to be
    ashamed
l'hôpital m. (pl. les hôpitaux)
    hospital
l'horizon m. horizon
les hors-d'oeuvre m. pl. hors d'oeuvres
l'hospitalité f. hospitality
l'hôtel m. hotel; mansion, house
Hugo, Victor (1802–1885) French
    poet, novelist and dramatist
l'huile f. oil
*huit eight
humain, -e human
l'humeur f. mood; de mauvaise
    humeur in a bad mood
l'humour m. humor
l'hymne m. hymn

I

ici here
idéal, -e ideal
l'idée f. idea
Iéna a battle in which Napoleon
    defeated the Prussians (1806)
l'ignorance f. ignorance
ignorer to be ignorant of
il he, it; il y a there is, there are
l'île f. island; l'Île Saint-Louis f. an
    island in the Seine
illuminé, -e lighted
illustre illustrious, famous

XX

illustré, -e illustrated
l'image *f.* picture, image
imaginer to imagine
l'imitation *f.* imitation
imiter to imitate
immaculé, -e spotless
immédiat, -e immediate
immense immense
l'immeuble building
immobilisé, -e immobilized, paralyzed
l'immortalité *f.* immortality
immuable unchangeable, invariable
l'impartialité *f.* impartiality
impassible impassible
imperturbable unshaken, unmoved
l'importance *f.* importance
important, -e important
importer to import; to matter; **n'importe quand** any time; **n'importe quel vin** any kind of wine
imposant, -e imposing
imposé, -e imposed
imprégner to impregnate; **s'imprégner** to imbibe
l'impression *f.* impression
impressionné, -e impressed
l'impressionniste *m.* impressionist painter
imprimer to print, impress
inaltérable unalterable; unchangeable, invariable
inaugurer to inaugurate
incessamment constantly
inchangé, -e unchanged
inciter to incite; to prod
incliner to bend; **s'incliner** to bend, bow
incommoder to inconvenience
incomparable incomparable
l'inconfort *m.* lack of comfort
inconnu, -e unknown
incorporé, -e incorporated
indépendant, -e independent
l'index *m.* index
l'indignation *f.* indignation

individuellement individually
l'industrie *f.* industry
industriel, industrielle industrial
inégal, -e unequal
inépuisable inexhaustible; endless
inféoder: s'inféoder to submit
inférieur, -e inferior
infini, -e infinite
l'influence *f.* influence
influencé, -e influenced
l'infraction infraction, break; violation
inhabituel, inhabituelle unusual
initier to initiate
inlassablement unwearyingly
innombrable innumerable
l'innovation *f.* innovation
innover to innovate
inonder to flood
l'inscription *f.* inscription
inscrit, -e registered
insensible insensitive
l'inspiration *f.* inspiration
inspiré, -e inspired
l'installation *f.* installation
installer to set up; **s'installer** to settle
l'instant *m.* instant
l'institut *m.* institute; **l'Institut de France** the French Institute made up of five Academies
insuffisant, -e insufficient
insulter to insult
l'insurgé *m.* insurgent, rebel
insurger: s'insurger to revolt, rise in insurrection
l'insurrection *f.* insurrection, rebellion
intact, -e intact
intégré, -e integrated
intellectuel, intellectuelle intellectual
l'intempérie *f.* inclemency (of weather)
intense intense
l'intensité *f.* intensity, heavy volume
interdit, -e forbidden
intéressant, -e interesting

XXi

intéresser: s'intéresser (à) to be interested (in); to take an interest (in)
intérieur, -e interior, inside
international, -e (*m. pl.* internationaux) international
interpréter to interpret; to translate
interrompu, -e interrupted
intervenir to intervene
intime intimate, informal
l'intimité *f.* intimacy
l'introduction *f.* introduction
inutile useless
l'invalidité *f.* invalidity
l'inventaire inventory
inviter to invite
irrémédiablement irremediably
irrésistible irresistible
irréversible irreversible
islamique Islamic, Mahometan
l'Israélien *m.* Jew, Israelite
l'Italie *f.* Italy
italien, italienne Italian
l'itinéraire *m.* itinerary
l'ivrogne *m.* drunkard

J

le jabot frill (of a shirt or a blouse)
Jacob, Max (1876–1944) French writer
jaillir to gush out; to burst
jaloux, jalouse jealous
jamais ever; never; jamais, . . . ne never; à jamais forever
le jambon ham
le jardin garden
le jardinage gardening
le jardinet little garden
le jardinier gardener
le jargon jargon, slang
jaune yellow
Jaurès, Jean (1859–1914) famous socialist
le jazz jazz
jeter to throw, toss; se jeter to throw oneself
le jeu (*pl.* les jeux) game

jeune young
la jeunesse youth
la Joconde Mona Lisa, famous painting of Leonardo da Vinci
la joie joy
joindre: se joindre to join
joint *past part. of* joindre joined
joliment prettily
jouer to play
le joueur player; gambler
jouir (de) to enjoy
le jour day
le journal (*pl.* les journaux) newspaper
la journée day
jovial, -e jovial
joyeusement gaily
joyeux, joyeuse joyous
judiciaire judiciary
le juge judge
jugé, -e judged, evaluated
le jugement judgement; trial
juillet July
juin June
jurer to swear
jusque until; jusqu'à as far as, up to; until
juste exactly, precisely
la justice justice; courts
justifier to justify
juxtaposé, -e placed together

K

le kilomètre kilometer, about 5/8 of a mile
le kirsch kirsch, brandy made with cherries
le klaxon horn
Kléber, Jean-Baptiste (1753-1800) French general

L

la *f. art.* the; *pron.* her, it
là there, in that place; ici et là here and there; là-bas over there; là-haut up there

le **labyrinthe** labyrinth
le **lac** lake
lâcher to let loose; to drop
la **laideur** ugliness
laisser to leave; to allow, let
la **laitue** lettuce
la **langouste** lobster
la **langue** tongue; language
large wide, broad
largement widely, fully
la **larme** tear
las, lasse weary, tired
lasser to tire, weary; **se lasser** to get tired, grow weary
le **latin** Latin language
Lauzun, Antonin, duc de, (1682–1723) French marshal
laver to wash
le *m. art.* the; *pron.* him, it
légal, -e (*m. pl.* **légaux**) legal
la **légende** legend
Léger, Fernand (1881–1955) French painter
le **légume** vegetable
le **lendemain** next day
lent, -e slow
lentement slowly
la **lenteur** slowness
lequel, laquelle (**lesquels** *m. pl.,* **lesquelles** *f. pl.*) which
les *art.* (*pl. of* **le, la, l'**) the; *pron.* them
la **lettre** letter
leur their
lever to raise, lift; **se lever** to get up, arise
la **lèvre** lip
libéré, -e freed
libertaire radical; anarchist
la **librairie** bookstore
libre free; private, independent
lié, -e tied
le **lien** tie, bond
le **lieu** place, spot; **avoir lieu** to take place
la **ligne** line
la **lignée** lineage, line
lire to read
lisaient *imperf. of* **lire**

la **liste** list
le **lit** bed
littéraire literary
le **littérateur** man of letters
le **livre** book
livré, -e delivered, handed over
le **local** (*pl.* **les locaux**) locality, place
localisé, -e located
la **loge** lodging (of the concierge)
le **logement** lodging
loger to house
logique logical
la **loi** law
loin far, distant, far away; **de loin** from a distance
le **loisir** leisure time; **à loisir** leisurely
long, longue long; **le long de** on, along
longer to run along, follow
longuement a long time
la **Lorraine** French province
lorsque when
la **loterie** lottery
loué, -e rented
le **loup** wolf
lourd, -e heavy
le **Louvre** originally a royal palace in Paris, now a museum
le **loyer** rent
lu *past part. of* **lire** read
lui to him, to her; he, him
luire to shine
Lulli (1632–1687) Italian violinist composer in the service of Louis XIV
la **lumière** light
le **lustre** chandelier
Lutèce former name of Paris
le **lutin** goblin, sprite
la **lutte** struggle
lutter to fight, struggle
le **luxe** luxury
luxueux, luxueuse luxurious
le **lycée** lycée (secondary school, including junior college)
lyonnais, -e pertaining to Lyons; **à la lyonnaise** in the fashion of the city of Lyons

lyrique lyrical
le **lyrisme** lyricism
le **lys** lily

M

ma *f. pos. adj.* my
la **machine** machine; **la machine à laver** washing machine
le **maçon** mason, bricklayer
Mac Orlan, Pierre Dumarchey (1883–   ) French writer
le **magasin** store; **le grand magasin** department store
la **magie** magic
le **magistrat** magistrate
mai May
Maillol, Aristide (1861–1944) French sculptor
la **main** hand
maint, -e many; **maintes fois** many times
maintenant now
maintenu *past part. of* **maintenir** maintained
le **maire** mayor
mais but
la **maison** house, home; **à la maison** at home
le **maître** master; teacher; **maître de cérémonie** master of ceremonies
majestueux, majestueuse majestic
majoré, -e augmented
la **majorité** majority
mal *adv.* bad, badly, ill, poorly, indistinctly; **avoir du mal** to have trouble
la **maladie** disease, illness
mâle male, masculine
malheureusement unfortunately
malheureux, malheureuse unhappy, ill-fated
malodorant, -e having a bad odor
la **manchette** cuff; title of a newspaper article
manger to eat
le **manger** eating, food
la **manifestation** manifestation

manifester to express; to reveal
le **mannequin** model
le **manque** lack
le **manteau** coat
le **manuel** manual, handbook
le **marbre** marble
le **marchand** merchant
la **marchandise** merchandise, goods
la **marche** walk; **en marche** on the march
le **marché** market
marcher to walk; to go
la **marée** tide; fish
la **marge** margin; **en marge (de)** outside (of)
le **mari** husband
marier to give in marriage; **se marier** to get married
la **marionnette** puppet
marmoréen, marmoréenne pertaining to or like marble
marquant, -e striking
la **marque** mark
marron maroon: a chestnut color
le **marronier** chestnut tree
le **martyr** martyr
masculin, -e masculine
masquer to disguise; to conceal with a mask
la **masse** mass
le **massif** grove
le **match** (*pl.* **les matches**) match
la **maternité** maternity
les **mathématiques** *f.* mathematic
la **matière** matter; subject
la **matinée** morning
mauvais, -e bad; inefficient, inadequate
le **maximum** maximum
la **mayonnaise** mayonnaise sauce
me (m') me, to me
le **mécanicien** mechanic
la **mécanique** mechanics
le **mécontentement** dissatisfaction, displeasure
le **médaillon** medallion
médical, -e (*m. pl.* **médicaux**) medical

médiéval, -e medieval
médiocre mediocre, poor
la Méditerranée Mediterranean Sea
méfier: se méfier to distrust, mistrust; to be on one's guard
meilleur, -e better
le mélange mixture
mêler to combine, mix; se mêler to take part
le membre member
même *adj.* same, very; *adv.* even; *pron.* itself
la mémoire memory
le ménage household
ménager to spare, save: to arrange
la ménagère housewife
mener to lead, take; to take part in
mental, -e mental
mentionner to mention
le menu menu, bill of fare
méprisaient *imperf. of* mépriser scorned, felt contempt for
la mer sea
la mère mother
mériter to merit, deserve
le merlan whiting (a sea-fish)
merveilleux, merveilleuse marvelous
mes (*pl. of* mon, ma) my
la messe mass
la mesure measure; à mesure que as
le métal metal
métallique metallic
le météore meteor
méticuleux, méticuleuse meticulous
le métier trade
le mètre meter, about 1.09 yard
le métro subway
mettre to put
le meuble piece of furniture
meurtri, -e bruised
le microscope microscope
midi noon
la midinette work-girl (so called because she leaves her workroom at noon)

le mien *pos. pron. m.,* la mienne *f.* mine
la miette crumb
mieux better
le milieu middle; environment
militaire military
mille thousand
le milliard billion
le millier thousand
le million million
la mine look, appearance, aspect
minime very small
le ministère central government
la minute minute
la minutie trifle; minutiae
le miracle miracle
mirer: se mirer to be reflected
la mise stake, bid
misérable miserable
la misère misery, distress
la mode fashion
modérément moderately
moderne modern
moderniser to modernize
le modernisme modernism
modeste modest
modifié, -e modified
la moelle marrow
moi me; moi-même myself
moindre least
le moine monk
le moineau sparrow
moins less; du moins at least
le mois month
la moitié half
Molière (1622–1673) famous dramatist, actor and producer
le moment moment, time
mon *pos. adj. m.* my
la monarchie monarchy
monastique monastic
mondain, -e social
le monde world; society
mondial, -e (*m. pl.* mondiaux) world
Monet, Claude (1849–1926) impressionist painter
monotone monotonous

XXV

le **mont** mountain, hill
la **montagne** mountain
le **montant** amount
monter to go up, rise; to mount, ride
Montespan, Madame de a favorite of Louis XIV (1641–1707)
Montmartre hill in Paris
montmartrois, -e of Montmartre
montrer to show
le **monument** monument
moqueur, moqueuse jeering, scornful, deriding
le **morceau** piece; morsel
le **mort** dead man
la **mort** death
mort, -e dead
la **mosquée** mosque
le **mot** word
le **moteur** motor
le **moule** mold
la **moule** mussel
le **moulin** mill; **le moulin à vent** windmill
mourir to die
la **mousse** moss
le **mouton** sheep; mutton
le **mouvement** movement
le **moyen** means
le **Moyen Age** Middle ages
la **moyenne** mean, average; **en moyenne** on an average
muet, muette mute, dumb
le **muguet** lily of the valley
multicolore of many colors
multiple manifold; many in number
la **multitude** multitude; a great number
municipal, -e (*m. pl.* **municipaux**) municipal
la **municipalité** municipality
le **mur** wall
le **muscle** muscle
la **muse** muse
le **musée** museum
le **musicien** musician
mutilé, -e mutilated, disabled
mutuellement mutually

le **mystère** mystery; mystery play (religious)
mystérieux, mystérieuse mysterious

N

naguère not long ago
la **naissance** birth
naître to be born
Napoléon Ier (1769–1821) Emperor of the French from 1804 to 1815
la **nappe** tablecloth
la **natation** swimming
national, -e (*m. pl.* **nationaux**) national
naturaliste naturalist
la **nature** nature
naturellement naturally, of course
navré, -e grieved, very sorry
né, -e *past part. of* **naître** born
néanmoins nevertheless
nécessaire necessary
la **nef** nave, aisle
la **neige** snow
le **nerf** nerve
nettement clearly
neuf, neuve new
ni . . . ni neither . . . nor
le **niveau** level
le **noble** aristocrat
la **noblesse** nobility
nocturne nocturnal
le **nœud** knot
noir, -e black
la **noix** nut, walnut
le **nom** name
le **nombre** number
nombreux, nombreuse numerous, many; large, wide
nommé, -e named; appointed; elected
le **nord** north
normal, -e (*m. pl.* **normaux**) normal
la **nostalgie** homesickness

la **note** note; mark, grade
noté, -e noticed
noter to note
la **notoriété** notoriety; state of being well known
notre (*pl.* **nos**) our
la **nôtre** ours
nourrir to feed
nous we, us
nouveau, nouvelle (*m. pl.* **nouveaux**) new; **à nouveau** once more, again
la **nouveauté** novelty
la **nouvelle** news
le **noyau** stone (of fruit); core
nu, -e bare, nude
la **nuit** night
nul, nulle no, not any; **nul ... ne** no, no one
nullement by no means
le **numéro** number

O

obéir to obey
l'**objectivité** *f.* objectivity
l'**objet** *m.* object
l'**obligation** *f.* obligation
obligatoire compulsory
obliger to force
obscur, -e dark, dim; unknown
l'**observation** *f.* observation
l'**observatoire** *m.* observatory
observer to observe
l'**obstacle** *m.* obstacle
obstiner: s'obstiner to persist (in)
l'**occasion** *f.* occasion, opportunity; **d'occasion** second hand
occasionné, -e caused
l'**occupation** *f.* occupation
occupé, -e occupied; busy
occuper to occupy
l'**océan** *m.* ocean
l'**ode** *f.* ode
l'**œil** *m.* (*pl.* **les yeux**) eye
l'**œuf** *m.* egg
l'**œuvre** *f.* work
offert *past part. of* **offrir** offered

officiellement officially
offrir to offer
ogival, -e pointed, Gothic
l'**ogive** *f.* ogive, pointed arch
l'**oie** *f.* goose
l'**oignon** *m.* onion
l'**oiseau** *m.* bird
l'**oiselet** *m.* small bird
oisif, oisive idle
l'**oisillon** *m.* small bird
ombragé, -e shaded
l'**ombre** *f.* shadow; shade
l'**omelette** *f.* omelet
l'**onde** *f.* water
l'**opéra** *m.* opera; opera-house
opposé, -e opposed
optimiste optimistic
l'**or** *m.* gold
l'**orange** *f.* orange
l'**orateur** *m.* orator
ordinaire ordinary
l'**ordonnance** order; prescription
ordonner to command
l'**ordre** order; command
l'**oreille** *f.* ear
l'**orfèvre** *m.* gold and silversmith
organisé, -e organized
orienter to orient; **s'orienter** to find one's way
original, -e (*m. pl.* **originaux**) original
l'**origine** *f.* origin
Orly airport near Paris
l'**orme** *m.* elm tree
orthodoxe orthodox
l'**os** *m.* bone
ou or
où where
l'**oubli** forgetting; forgetfulness; oblivion
oublier to forget
l'**ouest** *m.* west
l'**outil** *m.* tool
ouvert *past part. of* **ouvrir** opened
l'**ouvrage** *m.* work
l'**ouvrier** *m.* worker, workman
ouvrir to open; **s'ouvrir** to open
l'**ovation** *f.* ovation

P

la **page** page
la **pagode** pagoda
le **pain** bread
la **paix** peace
le **palais** palace; palate
la **palme** palm
　palpiter to tremble, throb
le **panorama** panorama
le **pantalon** trousers
le **Panthéon** a monument in Paris, built 1754–1780, burial place of Victor Hugo, Voltaire, Rousseau and other great men
la **pantoufle** slipper
le **pape** pope
le **papier** paper
la **papille** papilla, taste-bud
le **papillon** butterfly
le **paquet** package
　parachever to complete
　paraître to appear, seem
le **parapet** breast-wall raised on the edge of a bridge
le **parc** park
　parce que because
　parcourir to travel through
　pardi of course
le **pardon** forgiveness
　pardonner to forgive
le **pare-brise** windshield
　pareil, pareille same
le **parent** parent; relative
　parfaire to complete, perfect
　parfait, -e perfect
　parfaitement perfectly
　parfois sometime, at times
le **parfum** perfume
le **pari** bet, wager
　parisien, parisienne parisian
　parla *past def. of* **parler** spoke
　parler to speak, talk
　parmi among
la **paroi** wall, partition
la **parole** word
　parsemé, -e strewn, sprinkled
　partager to divide, to share

le **parterre** flower-bed
le **parti** party (political); **prendre parti** to take sides
　participer to take part, participate
la **particularité** particularity
　particulier, particulière special; private
la **partie** part
　partîmes *past def. of* **partir** left, started
　partir to leave; **à partir de** from, after
　partout everywhere
　parvenir to reach, arrive at
　parvinrent *past def. of* **parvenir** reached
le **parvis** area before the doors of a church
le **pas** step
　pas not; **pas encore** not yet
le **passage** passageway
　passager, passagère momentary, passing
le **passant** passerby
le **passé** past
　passer to pass, proceed; to spend (time); **se passer** to happen, take place; to be passed, spent
　passionner to fascinate
　pastel pastel
la **pâte** dough
la **patience** patience
　patient, -e patient
la **pâtisserie** pastry; pastry shop
le **pâtre** shepherd
la **patrie** native land
le **patron** boss
la **paume** palm
la **pause** pause, rest
　pauvre poor
le **pavé: pavé de Charolais** kind of steak
le **pavillon** pavilion; building
　payé, -e paid
　payer to pay
le **pays** country
le **paysage** landscape
le **paysan** peasant

la **pêche** peach

la **peine** sorrow, suffering; difficulty;
   à peine hardly

peiner to grieve; strive hard

peint *past part. of* **peindre** painted

le **peintre** painter

le **pèlerinage** pilgrimage

la **pelouse** lawn

pencher: se pencher to lean,
   bend forward

pendant during

le **pendu** hanged man

pénétrer to penetrate, enter

péniblement painfully

la **péniche** barge

pensant, -e thinking

la **pensée** thought

penser to think

la **pension** pension; boarding house

le **pensionnaire** member who receives
   a fixed salary

percer to pierce; to penetrate; to
   find out

perdre to lose; **se perdre** to get lost

perdu *past part. of* **perdre** lost

le **père** father

perfectionner to perfect

la **perfidie** perfidy; treachery

le **périmètre** perimeter, outer
   boundary

la **période** period, epoch

la **périphérie** periphery, circumference

perler to fall in drops

permanent, -e permanent

permettre to allow; to let

perpétuel, perpétuelle perpetual

le **personnage** character

la **personne** person

la **perspective** perspective; prospect

la **perte** loss

peser to weigh

pessimiste pessimistic

la **peste** pest; plague

petit, -e small, little

peu hardly, little, not very; **un peu**
   a little, somewhat; **peu à peu** little
   by little

le **peuple** people, nation

peuplé, -e inhabited, populated

le **peuplier** poplar tree

peut-être perhaps

le **photographe** photographer

physique physical

Picasso, Pablo Ruiz (1881–   )
   famous painter

la **pièce** play

le **pied** foot

le **piédestal** pedestal

la **pierre** stone

le **piéton** pedestrian

pieux, pieuse pious, devout

pire worse

Pissaro, Camille (1831–1903)
   impressionist painter

la **piste** track, trace, trail; runway

la **place** place, seat; square

placer to place, put; to invest

plaignit: se plaignit *past def. of* **se**
   plaindre complained

plaindre to pity; **se plaindre** to
   complain

la **plaine** plain

plaisanter to joke

plaise *pres. subj. of* **plaire** please

le **plaisir** pleasure

plaît *pres. ind. of* **plaire** pleases; **s'il**
   vous plaît if you please, please

le **plan** plan, scheme

la **planche** board

la **planète** planet

planté, -e planted

le **plat** dish; platter

plat, -e flat

le **platane** plane-tree

le **plateau** tray

la **plate-forme** platform

plein, -e full

le **pleur** crying; tear

pleurer to cry

le **pli** fold

plier to fold; **se plier** to submit,
   yield

plonger to plunge

plu *past part. of* **plaire** pleased

le **plumage** feathers that cover a bird

plupart: la plupart most, the greater part

plurent *past def. of* plaire pleased

plus more; de plus moreover

plusieurs several

plutôt rather

le pneu tire

la poële frying pan

le poème poem

le poète poet

la poignée handful; handle

point not, not at all; ne ... point not

le point de vue point of view

la poire pear

le pois pea; les petits pois green peas

le poisson fish

le poivre pepper

polariser to polarize

la police police

le policier policeman

politique political

polyglotte polyglot, many tongued

la pomme apple; les pommes allumettes small French fried potatoes; les pommes purée mashed potatoes

le pont bridge

populaire popular

la popularité popularity

la population population

le porc pig; pork

le port port; carriage, bearing

la porte door

porter to carry; to wear

le portique portico

poser to put; to establish; poser une question to ask a question

la position position

posséder to possess, own

la possibilité possibility

possible possible

le poste post; station

le pot pot

le potage soup

le potager vegetable garden

le poteau (*pl.* les poteaux) stake; pole

le poulet chicken

pour for, in order to; as, in the way of, in

pourquoi why

poursuivre to pursue

pourtant however

pousser to grow; to push

pouvait *imperf. of* pouvoir could

le pouvoir power

pouvoir to be able

la pratique practice

pratique practical

précéder to precede

précieux, précieuse precious, valuable

précipiter: se précipiter to rush

précis, -e precise, accurate

la précision precision

la prédilection predilection, preference

préférâmes *past def. of* préférer preferred

préféré, -e preferred, favorite

le préfet prefect, governor

premier, première first

prénatal, -e prenatal

prendre to take, seize; to take on, acquire; prendre part to take part

prenions *imperf. of* prendre

le prénom surname

la préparation preparation

la prérogative prerogative, privilege

près near; près de almost, nearly

la présence presence

présent, -e present; à présent now

la présentation presentation, introduction

présenter to present, introduce

presque almost

la presse press

pressé, -e pressed; être pressé to be in a hurry

le prestige prestige

prétendre to pretend; to claim

prêter to lend; to attribute; se prêter à to adapt oneself (to)

le **prétexte** pretext, excuse
la **preuve** proof
prévoir to foresee
prévu *past part. of* **prévoir**
primitif, primitive primitive
le **prince** prince
la **princesse** princess
principal, -e (*m. pl.* **principaux**) principal
le **printemps** spring
pris *past part. of* **prendre** taken; *past def. of* **prendre** took
la **prise** taking, capture; **la prise de la Bastille** the fall of the Bastille
prisé, -e appreciated
la **prison** jail
la **privation** deprivation, hardship
privilégié, -e privileged
le **prix** price; prize
le **problème** problem
le **procès-verbal** summons
proche near
procurer to procure; **se procurer** to procure, obtain
la **production** production, output
produire to produce; **se produire** to occur
le **produit** product
le **professeur** professor
professionnel, professionnelle professional
profitâmes *past def. of* **profiter** took advantage
profiter to take advantage
profond, -e deep
le **progrès** progress
projeté, -e planned; projected
prolonger to prolong, lengthen
la **promenade** walk
promener: se promener to take a walk
promis, -e promised
la **promotion** promotion
la **prophétie** prophecy
propice favorable
la **proportion** proportion
propos: à propos de with respect to, in reference to, about

proposer to propose; **se proposer** to offer oneself
propre own; suited, suitable; clean
proprement precisely, exactly; properly
la **propriété** property, holding
la **prose** prose
prospère prosperous
prospérer to prosper
la **protection** protection
protéger to protect
protestant, -e protestant
prouver to prove
provenant *pres. part. of* **provenir** deriving from
proverbial, -e proverbial
provient *pres. ind. of* **provenir** comes from
la **province** province
la **proximité** proximity, nearness
la **prudence** prudence, cautiousness
la **prunelle** pupil, eyeball
prussien, prussienne Prussian
psalmodié, -e sung, droned
psychologue psychologist
le **public** public
la **publicité** publicity
la **puissance** power
puissant, -e powerful
puisse *pres. subj. of* **pouvoir** could, might
pulvériser to pulverize
puni *past part. of* **punir** punished
pur, -e pure
la **pureté** purity
pus *past def. of* **pouvoir** could
put *past def. of* **pouvoir** could

Q

le **quai** quay; platform; street along a river
la **qualité** quality
quand when; **quand même** anyhow
la **quantité** quantity
quarante forty
quarante-huit forty eight

le **quartier** district, neighbourhood
quatre-vingt-dix ninety
que *conj.* than, except; as, that
que *pron.* whom, that, which
quel? *m.* **quelle?** *f.* (*m. pl.* **quels?**
  f. pl. **quelles?**) what?
quelque whatever; some
quelquefois sometimes
quelques *m. and f. pl.* a few
la **querelle** quarrel
la **question** question
la **quête** quest, search; **en quête de**
  searching for
la **queue** tail; **faire la queue** to stand
  in line
qui who, which
quitter to leave
quoi what; **quoi que** whatever
quoique although
quotidien, quotidienne daily

R

raconter to tell
radical, -e (*m. pl.* **radicaux**)
  radical
radieux, radieuse radiant
le **raisin** grapes
la **raison** reason; **avoir raison** to be
  right
raisonnable reasonable
le **ralliement** rallying; **le point de
  ralliement** rallying point
la **ramification** ramification
ramollir to soften
ranger to set in order
ranimé, -e brought back to life
râper to rasp, grate
rapide rapid, fast
rapidement rapidly, quickly,
  swiftly
le **rapin** poor painter
rappeler to call back; to remind; **se
  rappeler** to recall, remember
le **rapport** relation; **avoir rapport** to
  be related
rapporter to bring back

rapprocher to bring nearer; **se rapprocher de** to come near to being,
  resemble
rare rare, scarce
rarement rarely
ras: au ras even with
rassembler to gather
rassurer to reassure
le **rat** rat; **le petit rat** young dancing
  student
rattraper to catch
ravager to ravage, ruin
ravalé, -e cleaned, scraped
ravi, -e delighted
rayer to cross out
le **rayon** department
réagir to react
la **réalisation** realization
réalisé, -e produced
réaliser to realize
la **réalité** reality
rebâtir to rebuild
récemment recently
récent, -e recent
recevoir to receive
la **recherche** search
recherché, -e sought after, in
  demand
le **récit** narrative
réciter to recite
réclamer to demand
la **recommandation** recommendation
réconfortant, -e comforting
reconnaissant, -e grateful
reconnaître to recognize
reconstituer to reconstitute
reconstruire to rebuild
le **record** record
recréer to re-create
rectifier to rectify, correct
reçu *past part. of* **recevoir** received
le **recueil** compendium, collection
recueillir to gather; to receive
redescendre to go down again
la **redingote** frock-coat
redorer to gild again
redoutable formidable, inspiring
  fear

réduit, -e reduced
réel, réelle real
réfléchi, -e serious minded
réfléchir to reflect, think, meditate
le **reflet** reflection
le **réflexe** reflex
la **réflexion** thought
le **refrain** refrain, constant theme
le **réfrigérateur** refrigerator
le **refuge** refuge
réfugier: se réfugier to seek refuge
refuser to refuse
le **regard** look, glance
regarder to look at
le **régime** system, rule, government
la **région** region
régional, -e regional
régir to rule, govern
réglé, -e ruled, regulated, controlled
régner to reign, govern; to prevail
le **regret** regret
regretter to regret, miss
régulier, régulière regular
rehaussé, -e enhanced
rejaillir to rebound; to arise
la **relation** relation
relativement relatively
relié, -e connected
religieux, religieuse religious
la **religion** religion
relire to read again
remarquable remarkable
la **remarque** remark
remarquer to notice
remédier to cure; to repair,
   redress
remettre to put back; to postpone;
   se remettre (à) to start again
remonter to go back up
le **rempart** rampart, wall of a fortified
   town
remplacer to replace
la **rémunération** remuneration,
   reward
la **rencontre** encounter, meeting,
   match
rencontrer to meet
le **rendez-vous** appointment

rendre to return, give back; to ren-
   der, make; **se rendre** to go; to
   surrender; **se rendre compte** to
   realize
Renoir, Auguste (1844–1916)
   impressionist painter
la **renommée** fame
le **renseignement** information
renverser to overthrow
la **reorganisation** reorganization
répandu, -e prevalent, wide-spread
le **repas** meal
repasser to iron; to return, come
   back
repérer to mark, register
le **répertoire** repertory
répéter to repeat
le **répit** respite
la **réplique** reply
répliquer to reply
répondait *imperf. of* **répondre** was
   answering
la **réponse** answer
reprendre to take up again; to start
   once more
le **représentant** representative
représenté, -e represented
représenter to represent, describe;
   to act out
réprimander to reprimand, scold
la **reprise: à plusieurs reprises** several times, on several occasions
reprit *past def. of* **reprendre** started
   once more, resumed
reproduit, -e reproduced
réputé, -e famous
le **réseau** (*pl.* **les réseaux**) network
réservé, -e reserved, modest, shy
réserver to set aside; **se réserver**
   to wait for an opportunity
résidentiel, résidentielle resi-
   dential
résonner to resound; to echo
le **respect** respect
respirer to breathe
ressembler to resemble, look like
ressenti, -e felt
le **restaurant** restaurant

restaurer: se restaurer to refresh oneself; take refreshment, eat

le **reste** rest, remain

rester remain, stay

le **résultat** result, effect

résumer to sum up, represent

rétablir to re-establish, restore

le **retard** delay

retenir to retain; to remember

retinrent *past def. of* **retenir** held back, kept

le **retour** return

retrouver to discover; meet again; **se retrouver** to gather

réuni, -e brought together

réussi, -e well done

réussir to succeed

la **réussite** success

le **rêve** dream

révélateur, révélatrice revealing

revendre to sell back

revenir to come back

le **revenu** income

rêver to dream

le **revers** back side; cuff (of trousers)

le **rêveur** dreamer

reviendrai *fut. of* **revenir** shall come back

réviser to revise; to review

la **révolution** revolution

révolutionnaire revolutionary

la **revue** review, periodical, magazine; show

ri *past part. of* **rire** laughed

riche rich

la **richesse** wealth

le **rideau** curtain

rien nothing

les **rillettes** potted pork

la **risée** laughing stock

risquer to risk

le **rite** rite

rivaliser to compete

la **rivalité** competition

la **rive** bank (of a river)

river to rivet

la **robe** dress

le **rocher** rock

rôder to roam, rove, wander

Rodin, Auguste (1840–1917) French sculptor

le **roi** king

le **rôle** part

romain, -e Roman

Romains, Jules (1885–   ) French writer

roman, -e romanesque

le **roman** novel; **le roman policier** detective story

le **romancier** novelist

Rome capital of Italy

la **ronde** round

ronger to gnaw

la **rose** rose

rose pink

le **rôti** roast

Rouault, Georges (1871–1958) French painter

rouge red

roumain, -e Roumanian

Rousseau, Jean-Jacques (1712–1778) famous novelist and sociologist

la **route** road; **en route** on the way

royal, -e royal

le **royaliste** royalist

la **ruelle** small street

le **rugby** rugby

la **rugosité** rugosity, roughness

la **ruine** ruin

ruisseler to stream down

la **rumeur** rumor, uproar; tumult

russe Russian

le **rythme** rhythm

S

le **sac** bag

sacré, -e sacred

le **Sacré-Cœur** church in Paris situated in Montmartre

saillir to jut out

la **Sainte-Chapelle** Gothic masterpiece in Paris, built during the reign of Saint Louis (1215–1270)

Sainte Geneviève patron saint of Paris (420-513)

sais *pres. ind. of* **savoir** know

saisir to seize, grasp

saisissant, -e striking

la **saison** season

la **salade** salad

le **salaire** salary

sale dirty

la **salle** hall, chamber

le **salon** drawing room

saluer to greet

salut! greetings!

samedi Saturday

le **sandwich** sandwich

sanglant, -e bloody

le **sanglot** sob

sans without

la **sardine** sardine

le **satin** satin

la **satire** satire

satirique satirical

satisfaire to satisfy

le **saucisson** sausage

savait *imperf. of* **savoir** knew

savoir to know; to know how

le **scandale** scandal

la **scène** stage; scene

la **science** science

scientifique scientific

scolaire (relating to) school; **l'année scolaire** school year

sculpté, -e sculpted

sculpter to sculpt

la **séance** meeting; session

le **seau** pail, bucket

sèchement drily

second, -e second

la **seconde** second

la **secousse** jolt, shaking

le **secret** secret

secret, secrète secret

la **séduction** seduction, enticement

le **sein** breast, bosom

la **Seine** river flowing through Paris

seize sixteen

le **séjour** stay

le **sel** salt

sélectionner to choose

selon according to

la **semaine** week

le **semblable** fellow-man

sembler to seem, appear

le **sénat** senate

le **sens** sense, meaning; direction; **le bon sens** common sense

sensiblement sensibly, fairly, practically

le **sentiment** emotion, feeling

sentir to feel; **se faire sentir** to make itself felt

sept seven

le **sépulcre** sepulchre, grave, tomb

seraient *pres. cond. of* **être** would be

serein, -e serene, calm

la **sérénité** serenity

le **sergent** sergeant; **le sergent de ville** policeman

la **série** series

serrer to tighten

le **service** service

servir to serve; **servir à** to be used for; **servir de** to be used as; **se servir de** to use

seul, -e alone, only

seulement only

sévère strict

sévir to prevail; to rage

si *adv.* such; so; *conj.* if

le **siège** siege; seat

siéger to sit, meet

siffler to whistle, to blow a whistle

le **sifflet** whistle

le **sigle** abbreviation

signaler to point out

signifier to signify, mean

le **silence** silence

silencieux, silencieuse silent

la **silhouette** silhouette; figure

le **sillon** furrow

simple simple

sinueux, sinueuse sinuous, winding

Sisley, Alfred (1839–1899) impressionist painter

le **site** site, place

la **situation** position
situé, -e situated
sixième sixth
le **ski** ski, skiing
slave Slavonic
sobre sober
le **sobriquet** nickname
social, -e (*m. pl.* **sociaux**) social
le **sociétaire** member who shares the profits
la **société** society
le **sociologue** sociologist
le **socle** pedestal
la **sœur** sister
la **soif** thirst; **avoir soif** to be thirsty
le **soin** care
le **soir** evening
la **soirée** evening; evening party
soit *pres. subj. of* **être** be
soit very well
le **sol** ground, soil
le **soldat** soldier
la **sole** sole (fish)
le **soleil** sun
solennel, solennelle solemn
solide solid
sollicité, -e entreated
le **solo** solo
sombre dark, somber
le **sommet** top
somptuaire sumptuary
somptueux, somptueuse sumptuous, costly; splendid, magnificent
le **songe** dream
sonner to ring
Sorbon, Robert de (1201–1274) founder of the Sorbonne
la **Sorbonne** part of Paris University
le **sort** fate
sort *pres. ind. of* **sortir** goes out
la **sorte** kind, sort; **en sorte que** so that
la **sortie** exit
sortir to go out, leave, come out
la **soubrette** maid
le **souci** care, worry
soucieux, soucieuse concerned, anxious

souffert *past part. of* **souffrir** suffered
le **soufflé** souffle (pastry)
soulever to stir up
soumis, -e submissive, obedient
la **soupe** soup
la **source** source
le **sourire** smile
sous under, during
souterrain, -e underground
le **souvenir** souvenir, reminder
souvent often
le **souverain** sovereign
souvienne *pres. subj. of* **souvenir** remember
spécial, -e special
la **spécialité** specialty
le **spectacle** spectacle, show
spectaculaire spectacular
le **sport** sport
sportif, sportive athletic, sporting
le **square** square
le **stade** stadium
la **station** station
stationner to park
la **statue** statue
le **statut** statute
le **stock** stock
strident, -e shrill
la **strophe** stanza
la **structure** structure
structurel, structurelle structural, basic
le **style** style
subir to undergo, suffer
subit, -e sudden
sublime sublime
subsister to subsist; to continue, remain
la **substance** substance, matter
subtile subtle
subventionné, -e subsidized
succéder to follow, succeed; **se succéder** to follow each other
le **succès** success
la **succursale** branch
le **sucre** sugar
le **sud** south

sud-américain, -e South-American
le sud-est south-east
le sud-ouest south-west
la sueur sweat
suffir to suffice, be sufficient
le suffrage suffrage, vote
suivais *imperf. of* suivre was
    following
suivant, -e following
suivi, -e followed
suivre to follow; to approve; to ac-
    company; to take (a course)
le sujet subject.
sûmes *past def. of* savoir knew
superbe superb
la superficie surface; area
supérieur, -e superior
le super-marché supermarket
superposer to superpose, lay upon
le supplément supplement
supplémentaire supplementary,
    additional
supportable bearable
suprême supreme
sur on, upon
sûr, sûre sure
la sûreté safety
la surface surface, area
surmonté, -e topped
le surnom nickname, appellation
surnommé, -e named, called
surplomber to hang over
surprendre to take by surprise; to
    catch
la surprise surprise
surtout especially, mainly, mostly
surveiller to watch, supervise
survenir to come on, happen,
    occur
suspect, -e suspect
la suspension suspension; chandelier
le symbole symbol
sympathiser to sympathize
la symphonie symphony
la synagogue synagogue
la synthèse synthesis
systématique systematical,
    methodical

T

la table table
le tableau (*pl.* les tableaux) painting,
    picture
le tabouret stool
la tache spot
la tâche task
tâcher to try, endeavor
la taille size; waist
le tailleur tailor; cutter, hewer; le
    tailleur de pierres stone-cutter
tairait (se) *cond. of* se taire would
    be silent
le talon heel
tandis que while, whereas
tant so much, so many
la tape tap, pat, rap, slap
le tapissier upholsterer
tard late; plus tard later
le tarif rate
la tarte tart, pie
le tas pile, heap
la tasse cup
le taxi taxicab
tchèque Czech
la technique technique, style
technique technical
tel, telle such; tel que such as
la télévision television; le poste de
    télévision television set
tellement so, so much, to such a
    degree
téméraire daring, rash
le témoignage testimony
témoigner to show; to testify
le témoin witness
le tempérament temperament; à
    tempérament on the installment
    plan
tempéré, -e temperate
la tempête tempest
le temple temple
le temps time; combien de temps
    how long; de temps en temps
    from time to time
tenace tenacious
la tendance tendency

tenir to hold, keep; **tenir à** to be attached to, care for

le **tennis** tennis

le **terme** term; word, expression

terminé, -e finished, ended, completed

terminer to end, complete; **se terminer** to end, come to an end

terni, -e tarnished

le **terrain** plot of land

la **terrasse** terrace

la **terre** earth, ground, land; **par terre** on the ground

la **terrine** potted meat

la **tête** head

le **texte** text

le **théâtre** theater; scene

Thèbes city of ancient Egypt

le **thème** theme

la **théologie** theology

le **tien** yours

tiennent *pres. ind. of* **tenir** to hold

le **tiercé** wager which involves guessing the first three horses in a race

le **tiers** third

tirer to draw; to derive, obtain; to shoot

le **tissu** cloth, material

toi you; **toi-même** yourself

la **toile** linen, cloth; **la toile de fond** backdrop

le **toit** roof

la **tomate** tomato

la **tombe** tomb, tombstone, grave

le **tombeau** tomb, tombstone

tomber to fall

le **ton** tone, shade

le **tonnage** tonnage (bulk measured in tons)

la **tonne** ton (2,200 lbs)

tordre to twist

tordu, -e twisted

le **torrent** torrent

le **torse** torso

le **tort** wrong; **avoir tort** to be wrong

tortueux, tortueuse winding, crooked

tôt early; **plus tôt** earlier

la **totalité** all, whole, totality

toucher to touch, affect

touffu, -e luxuriant

toujours always, still

le **tour** turn; **le tour du monde** trip around the world

la **tour** tower

le **tourbillon** whirlwind, whirlpool, eddy

le **touriste** tourist

la **tournée** tour

tourner to turn

tout, -e (*m. pl.* **tous**; *f. pl.* **toutes**) *adj.* any, all, all of; whole, only

tout *adv.* very, completely; **pas du tout** not at all; **tout à fait** entirely; **tout de suite** immediately

toutefois yet, however, nevertheless, still

la **tradition** tradition

tragique tragic

le **train** pace, rate; **aller bon train** to go at a good pace; **en train de** in the act of

le **trait** trait, characteristic

traitant dealing with

le **trajet** journey, distance, way

tranquille tranquil, calm, quiet

transférer to transfer

transfigurer to transfigure; to transform

transformer to transform, change; **se transformer** to change, turn

transmis, -e transmitted

le **transport** transportation

transporter to transport, carry

le **travail** (*m. pl.* **les travaux**) work

travailler to work

le **travailleur** workman

travers: de travers askew

traverser to cross

treize thirteen

trente-quatre thirty four

trépident, -e agitated

très very, highly

le **tréteau** (*pl.* **les tréteaux**) boards, stage

triangulaire triangular

la **tribu** tribe
le **tribunal** (*pl.* **les tribunaux**) tribunal, court
le **triomphe** triumph
triompher to triumph
triste sad
la **tristesse** sadness
trois three
troisième third
la **trombe** water-spout: **en trombe** quickly; in a turbulent way
tromper to deceive, disappoint: **se tromper** to make a mistake
la **trompette** trumpet
trôner to sit on a throne; to lord over
trop too much, too many; too
le **trottoir** sidewalk
le **trouble** trouble
la **troupe** troop, regiment
le **troupeau** herd
trouver to find; **se trouver** to find oneself, to be; to find each other
le **truand** vagrant, vagabond, beggar
la **truffe** truffle
la **truite** trout
tu you
tu *past part of* **taire**; **il s'est tu** he remained silent
les **Tuileries** now a park in Paris, formerly a royal residence
turbulent, -e turbulent, restless, agitated
le **turfiste** one addicted to horse-racing
tutoyer to use "tu"
typiquement typically

U

un, une *art.* a, an; *pron.* one; **l'un** one; **l'un et l'autre** both
uni, -e united, bound
l'**uniforme** *m.* uniform
universitaire of the university
l'**université** *f.* university
urbain, -e urban
urbaniste urban

l'**usage** *m.* usage, use
user to wear out
l'**usine** *f.* factory
utile useful
l'**utilité** *f.* usefulness
Utrillo, Maurice (1833–1955) French painter

V

va *pres. ind. of* **aller** goes, is going
les **vacances** vacation
la **vache** cow; slang for policeman
le **vagabond** vagrant, wanderer
vaillant, -e valiant, brave
vain, -e vain, useless
vain: en vain vainly, in vain, to no purpose
Valéry, Paul (1871–1945) poet and essayist
la **valeur** value
la **valise** suitcase
Van Gogh, Vincent (1853–1890) French painter
vanter to praise; **se vanter** to boast, brag
la **variation** variation; alteration, change
varier to vary
vaste vast
le **vaudeville** light comedy
la **vedette** star
le **vélomoteur** bicycle with a small motor
le **velouté** softness
venaient *imperf. of* **venir** were coming
venant *pres. part. of* **venir** coming
la **vendeuse** saleslady
vendre to sell
vendu, -e sold
vénérable venerable
venir to come; **venir de** to have just; **faire venir** to bring
le **vent** wind
le **ventre** womb
venu *past part. of* **venir** come

la **verdure** greenness; green, vegetation

véritable true

véritablement truly

la **vérité** truth

verras *fut. of* **voir** you will see

le **verre** glass

vers to, toward; about

le **vers** verse

vert, -e green

la **vertu** virtue; quality

la **veste** jacket

le **vêtement** garment

vêtir to clothe, dress

vêtu, -e clothed, dressed

veux *pres. ind. of* **vouloir** want

la **viande** meat

le **vice-roi** viceroy

la **vicissitude** vicissitude; change, revolution

la **victime** victim

la **victoire** victory

victorieux, victorieuse victorious

vider to empty; **se vider** to empty; to become empty

la **vie** life

le **vieillard** old man

la **vieillesse** old age

vieillir to grow old

vienne *pres. subj. of* **venir** come

vieux (*before a vowel or a mute h* **vieil**), **vieille** old

vif, vive alive, bright, sharp

la **vigne** vineyard

vigoureux, vigoureuse vigorous

la **ville** city, town

Villon, François (1413– about 1465) famous lyric poet

le **vin** wine

Vinci, Leonard de (1452–1519) famous Italian artist

vingt twenty

la **vingtaine** about twenty

vingtième twentieth

vint *past def. of* **venir** came

violent, -e violent

le **visage** face; description

la **visite** visit

visiter to visit

le **visiteur** visitor

vit *past def. of* **voir** saw

vit *pres. ind. of* **vivre** lives

vite fast, rapidly, quickly

la **vitesse** speed

le **vitrail** (*pl.* **les vitraux**) stained-glass window

vitré, -e glass

la **vitrine** shop window

vivre to live

Vlaminck, Maurice de (1876–1958) French painter representative of fauvism

la **vocation** vocation; calling, call

la **vogue** vogue; **en vogue** popular

voici here is, here are

la **voie** road; track; **les voies de communication** means of communication

voilà there is, there are

le **voisin** neighbor

voisinent *pres. ind. of* **voisiner** are neighborly

la **voiture** carriage, car

la **voix** voice

voler to fly; to steal

la **volonté** will

volontiers gladly, with pleasure

Voltaire (1698–1778) XVIIIth century author and philosopher

le **volume** tome; volume

voluptuaire voluptuary

voter to vote; adopt

votre (*pl.* **vos**) your

voulait *imperf. of* **vouloir** wanted

vouloir to want, wish; **vouloir bien** to be willing, be kind enough to; to condescend; **vouloir dire** to mean

voulurent *past. def. of* **vouloir** wanted

la **voûte** vault, arch

le **voyage** voyage, trip

voyager to travel

le **voyageur** traveler

voyons *imp. of* **voir** let us see

vrai, -e true

vraiment truly, really
vu *past part. of* **voir** seen
la **vue** view, sight; **le point de vue**
point of view

W

Wagram a battle in which Napoleon
defeated the Austrians (1809)
Willette, Adolphe (1857–1926)
French painter

Y

y there, in it, to it, it
le **yaourt** yogurt
les **yeux** (*pl. of* **œil**) *m.* eyes
le **zèle** zeal

Z

Zola, Émile (1840–1902) famous
naturalist novelist

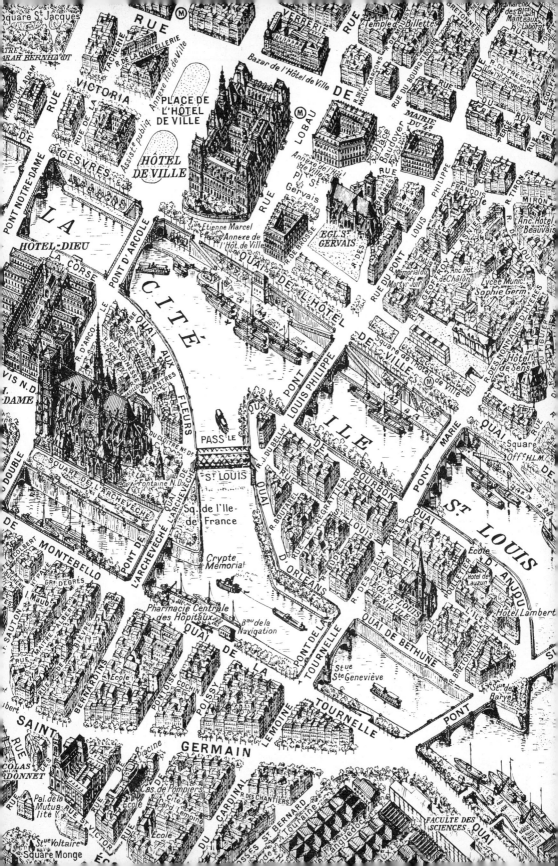